鄭樑生著

中日關係史研究論集（八）

文史哲學集成

文史哲出版社印行

國家圖書館出版品預行編目資料

中日關係史研究論集. 八 / 鄭樑生著. -- 初
版. -- 臺北市 : 文史哲, 民 87
面 : 公分. -- (文史哲學集成 ; 390)
參考書目 : 面
ISBN 957-549-126-2(平裝)

1. 中國 - 外交關係 - 日本

643.1 87000171

文史哲學集成

中日關係史研究論集(八)

著 者：鄭 樑 生
出 版 者：文 史 哲 出 版 社
登記證字號：行政院新聞局版臺業字五三三七號
發 行 人：彭 正 雄
發 行 所：文 史 哲 出 版 社
印 刷 者：文 史 哲 出 版 社
臺北市羅斯福路一段七十二巷四號
郵政劃撥帳號：一六一八〇一七五
電話 886-2-23511028 · 傳眞 886-2-23965656
實價新臺幣三五〇元
中 華 民 國 八 十 七 年 四 月 初 版

ISBN 957-549-126-2

中日關係史研究論集(八)　目次

序

本論文集乃本人有關中日關係史研究，於最近階段的研究短篇集結而成。可大別爲兩個部分，其一是以倭寇問題爲中心的一些探討，計有論文三篇；其次則爲明、清兩朝對於琉球的處置方式作較深入的考察，計有論文四篇。

衆所周知，有關明嘉靖三、四十年代倭寇擾邊的史料汗牛充棟，但各史料對同一地區，同一事件的論述既繁簡不一，其所言內容也未盡相同。因此，每當要引用那些史料時，有時會令人難於取捨。即使其所記載的內容相同，有時也會因其記錄過於簡略，難以理解事情的始末。此一事實對於研究明代倭寇問題者而言，未嘗不是一件憾事。所以如能找到相關史料，則於事情眞相的瞭解，當有莫大裨益。就嘉靖三十年代末期的都察院御使唐順之之靖倭，或時間與此大致相同，而在廣東等地征剿渠魁林朝曦、張璉等情形言之，亦復如此。其能有助於瞭解上述各事件之經緯，對官軍在當時討伐倭寇之問題提供他書所無之詳細的寶貴資料的，就是明人洪朝選之遺著《洪芳州公文集》。故首篇〈洪芳洲公文集之倭寇史料〉，即據此以探討嘉靖末年征剿崇明三沙，江北廟灣倭，及廣東劇寇張璉之始末。

當中國東南沿海地區的倭亂被平定後不久的萬曆二十年，豐臣秀吉於即將統一日本全國之際，竟興起侵略亞洲各國之念，發動大軍，兵分八路入侵朝鮮。且分別致書琉球、呂宋、臥亞及臺灣，要求它們或捐獻金銀、糧食助其所發動之侵略戰爭，或威脅它們服屬、朝貢日本，否則遣軍征討。其致書高山國（即當時的臺灣）之消息也曾經傳到呂宋。當時的呂宋當局認爲秀吉之所以計畫佔領琉球與臺灣，乃欲以此兩地作爲自日本進攻馬尼拉的踏腳石，亦即擬佔據介於日本與呂宋之間的臺灣島作其遠征馬尼拉的艦隊之中途站。本論文集第二篇〈豐臣秀吉的對外侵略〉，即對秀吉之侵臺企圖作較深入之探討，同時也考察當時在日本的明人陳申、朱均旺，琉球人鄭繩等人如何將秀吉欲侵華之消息哨報明朝當局，及明朝職官接到此一消息後所採取的因應措施，並介紹黃承玄從戰略上所論秀吉所以企圖侵臺之目的之見解。

倭寇發生於十四世紀中葉，他們首先侵掠高麗。高麗爲消弭倭患，雖曾一再遣使赴日交涉而獲若干效果，卻因其本身之積弱不振而加速滅亡。高麗滅亡後，朝鮮當局採准許倭人至其國通商，及鼓勵渠魁歸順的策略而獲相當之成效。結果，那些寇盜竟將其劫掠目標轉移到中國來。中國沿海之受倭寇擾害，始自元末。朱元璋即位後的第二年便有寇掠山東海濱州縣的事實，故乃遣使赴日要求禁戢倭寇，但未能達到目的。永樂以後則以外交手段謀求禁遏，所以寇亂尚不嚴重。惟至嘉靖二年因發生寧波事件而海禁趨嚴，寇亂便日益嚴重，終於進入所謂「大倭寇」時代。由於當時的明廷一味採取嚴厲海禁及從事征剿，致寇亂愈益滋蔓難圖，直到隆慶初年開放部分海禁，允許國人於海澄從事對外貿易，倭亂方纔逐漸平靜下來。本論文集第三篇〈明代中韓兩國靖倭政策的比較研究〉，即根據中、日、韓三國之文獻史料來探討明代中、韓兩國之靖倭政策而撰述者。

明代的對外關係，乃「貢舶與市舶一事也」，只許四鄰各國從事朝貢貿易，不許外國商賈來華自由互市，同時也嚴禁國人往販海外而「片板不許下海」。此種海禁確立於洪武年間。明帝國之能夠成爲東亞世界的中心，即其本身臻於極盛期之象徵，此乃由於中國的富裕與其生產力能夠承受這種負擔的關係。琉球之派遣貢使來華始自洪武五年。明朝對琉球王國之遣使來華朝貢，在貢期、船數、人數方面，與其他各國一樣有所規定，並且對其貢使一行的待遇、活動等，也都訂有詳細辦法。在明代來華的琉球貢使之若干行爲，曾經給明朝政府造成困擾。因此，本論文集第四篇〈明廷對琉球貢使的處置〉，擬以前賢的研究成果爲基礎，將明廷對琉球貢使所採取的種種措施作爲考察之重點，但對於明廷給與該國國王、王妃、正副使等的賞賜問題，則因筆者已在〈明代中琉兩國封貢關係的探討〉中論述，故不在此贅言。

琉球自明洪武五年與明朝建立封貢關係後，中、琉兩國便始終維持著友好關係，彼此間的往來極爲頻繁。其間，雖有時因受東亞國際情勢之影響而曾經有一段時期產生疏離感，致琉球有過同時分別朝貢中、日兩國之事實，但它之始終恪遵中國定制，遣使奉表，貢方物，表現悃誠之態度，可由中、琉兩國史乘之記載看出其端倪。明亡後，琉球之來華朝貢，並未因中國之改朝換代而有所改變，所以中、琉兩國的友好關係持續未斷，即使它被日本明治政府劃歸其版圖後已有百餘年的今天，亦復如此。

本論文集第五篇〈琉球在清代冊封體制中的定位試探〉，即以清代冊封體制中的定位問題作一番考察，從中、琉雙方所遣使節之身分、貢期，以及清廷所賞賜物品的內容方面著手，並以順治、康熙、雍正三朝之兩國關係作爲探討之重點。

琉球之派遣其子弟來華留學，始自洪武二十五年五月，中山國貢使與其王從子及寨官子偕來，請肄業國子監之際。當時太祖不僅允許其請求，也還賜與衣、巾、靴、襪並夏衣一襲。同年十二月，山南王亦遣其從子及寨官子入國學，其所獲賞賜也和中山王所遣者無二致。此後，凡由琉球來華的學生，均歲賜衣服、糧食、錢鈔以爲常。迄至清代，其情形亦復如此。琉球官生之來華求學的，除國王之從子，寨官之子外，大都是陪臣子弟，故他們俱屬該國之上層階級，他們必須經中國政府批准始能留學。他們抵華後，都被安排在太學或南京國子監讀書。本論文集第六篇〈明清兩朝對琉球官生的處置〉，即主要根據在清乾隆年間，擔任教導那些官生學習的教習潘相所輯《琉球入學聞見錄》爲中心，來探討當時到底有哪些人曾經到中國接受華夏文化，及他們在華期間所受待遇、教育內容等問題。

琉球與明朝建立封貢關係以後，便不斷的與中國往來而其事大思想非常濃厚，此一情形在明亡，滿清入主中原以後也未曾改變。在明、清兩朝五百餘年的中、琉兩國交通裏，彼此之間的使節往來頻繁，貿易興盛，海難的發生也就時有所聞。因此，中、琉兩國政府對使節人員之遭遇海難者都採濟助措施，以補償其因天災而蒙受之損失。惟當時在海洋中遇難的，除使節人員外，尚有在其本國奉國王或地方官員之命催繳、交納貢租，或從事捕魚、交易而遭遇海難的人民。所以本論文集末篇〈清廷對琉球遭風難民的處置〉，即就琉球人在其本國從事海上活動，不幸遭遇海難而漂流到中國大陸沿岸各地，或臺灣及其他國度者所採之措施，而以發生在嘉慶年間之海難事件作爲探討之對象，藉以瞭解清廷對那些難民的處置措施，其設想是如何的周備，顧慮是如何的周密，以及中、琉兩國的外交關係是如何的密切。

以上各文雖獨立成篇，且不免有筆者學思疏漏之處，只是對於這個領域做一些開荒的工作，若能因此引起年輕朋友之興趣，從而投身於此一領域的鑽研，則刊行本論文集的目的便達到了。

一九九八年歲次戊寅春月　**鄭樑生**　識於淡江大學歷史學系

《洪芳洲公文集》之倭寇史料

一、前　言

倭寇之侵掠中國東南沿海地區，始自元世祖忽必烈東征日本之後，當時政府雖發布嚴厲的海禁令，對日本海商之來華卻已提高警覺，提防他們滋事。迄至朱元璋驅逐蒙元，建立明朝，奠都金陵以後，倭寇竟於其即位後不久的洪武二年（一三六九）正月，入寇山東濱海郡縣，掠民男女而去。①朱元璋爲防倭寇擾邊，乃於四年實施海禁，且爲貫徹此一禁令，訂出許多辦法以遏阻其軍兵民人之私自出境，及違禁下海。②此一禁令雖時寬時嚴，但它之長期存在，實無法否認。

當佛郎機人於武宗正德年間（一五〇六～一五二一）東來後，不斷騷擾東南沿海地區，及日本貢使於世宗嘉靖（一五二二～一五六六）二年在浙江攻擊中國官府，殺傷官民，擄走寧波衛指揮袁璡，引起所謂「寧波事件」③以後，海禁更趨嚴厲。尤其在浙江巡撫朱紈因嚴格執行海禁，致引起參與干犯海禁的閩省人士之不安忌恨，而大肆毀謗朱紈。朱紈終因閩地出身的巡按御史周亮，給事中葉鏜等人請削其權而改爲巡視，復因御史陳九德，給事中杜汝禎之搆陷而失位。④此後，不設巡撫者四年。結果，海禁復弛，亂益滋甚。在此情形之下，寇患愈益滋蔓，遂導致嘉靖三十年代的所謂「大倭寇」。

有關嘉靖三、四十年代倭寇擾邊的史料汗牛充棟，但各史料對同一地區，同一事件的論述既繁簡不一，其所言內容也未盡相同。因此，每當要引用那些史料時，有時會令人難於取捨。即使其所記載的內容相同，有時也會因其紀錄過於簡略，難以瞭解事情的始末。此一事實對研究明代倭寇問題者而言，未嘗不是一件憾事。所以如能找到相關史料，則於事情眞相的瞭解，當有莫大裨益。就嘉靖三十年代末期的都察院御史唐順之之靖倭，或時間與此大致相同，而在廣東饒平等地征剿渠魁林朝曦、張璉等情形言之，亦復如此。

其能有助於瞭解上述各事件之經緯，對官軍在當時討伐倭寇之問題提供他書所無之詳細的寶貴資料的，就是明人洪朝選之遺著《洪芳洲公文集》。因此，本文擬據此以探討嘉靖末年征剿莽R明三沙、江北廟灣倭，及廣東劇寇張璉的始末。

二、洪朝選的生平

洪朝選，字舜臣、汝尹，號芳洲、靜安。幼名天民。福建省泉州府同安縣翔鳳里十三都柏埔庄（今新店鎮洪厝村）人。⑤《明史》無傳。祖籍河南光州固始縣。父祖溱，字體清，號鄭川。博學多聞。

爲專心教子，乃終身不仕。母葉氏，端莊賢淑，有口皆碑。朝選生於明武宗正德十一年丙子（一五一六）八月二十九日。天資卓越聰慧，四歲時已能讀書識字，其父乃授以《千字文》而能伊吾背誦不漏。平日好讀書，不過數遍，迭能背誦無誤。尤善誦詩、屬文。年十三，從邑人王佐習經、文、詩、詞而往往有佳作。十六歲時，以平日所作詩文呈鄉賢南京大理寺丞林希元(次崖)過目，而頗獲賞識，以爲他日必能揚名，乃將其兄女許配給他。並且把他帶至南京，授以《春秋》。

年十八，娶林希元之姪女爲妻。明年八月，參加鄉試落榜。年屆若冠，苦讀於柏埔庄西方之獅子巖寺，學問因而大進。二十二歲時中舉人。這一年秋天，其妻林氏染時疫，歿於家。後受贈爲淑人。四年後，登二甲進士，但仍昕夕苦讀不已。同年，續娶晉江安平蔡氏爲妻。翌年，任南京戶部山西清吏司主事，負責浙關之榷稅工作。據說他擔任此一職務期間，採薄稅便商政策，廢除一切漏規。而自奉頗爲儉約，家用如有不足，則貸於家鄉，又不足，則以乃妻簪珥充之云。又明年，調任南京戶部湖廣司署員外郎主事，仍任杭州北關之榷稅工作。年屆而立時，調任南京戶部山西司署郎中事主事。旋告假返鄉。

年三十一，實授南京戶部郎中，不久調任戶部四川司郎中。明年，以疾請辭官職。因感所學不足，乃客居毘陵僧舍，與時賢唐順之問學一年。如據《明史》，卷二〇五，〈唐順之傳〉的記載，順之乃嘉靖八賢之一，無論詩詞、文學、經濟以及天文、地理、樂律、兵法，乃至勾股壬奇之術，無不精研，尤以愼思養性爲最。職此之故，朝選獲益良多，文格大進。

三十四歲時，因病已癒，乃復前往南京，補南京吏部稽勳司郎中，掌勳級、名級、喪養等事。三年後，轉任同部考功司郎中。三十八歲時，考滿，例應陞遷，受命爲四川按察司副使，赴蜀督學。朝選之擔任此一職務，雖曾有過波折，終於同年十二月成行。在四川督學時，除正文體，端士範外，較藝嚴覈而持法秉公，不徇私情，故頗爲蜀中人士所稱美。越明年，改調廣西布政司署右參政，督導糧儲。在廣西期間，銳意整理稅籍，因而操勞過度，以致下血。據說當時嚴嵩黨羽之巡按御史，恃勢蠻橫。朝選據理力爭，毫不相讓，致忤該巡按御史而被調職，返回故里。他返鄉之際，阮囊羞澀，僅餘九十金而已。由此當可推知其爲官之清廉。

朝選平日爲人方直迂戇，做事任勞任怨，無所顧忌，故不爲權臣嚴嵩所喜，致被調任山西布政使司署左參政，而隻身前往任所，時年四十二。

且說朝選在山西布政使司任左參政之職後，於嘉靖三十八年（一五五九）四十四歲回鄉省親時，適逢倭寇肆虐其故里同安。四鄰府、州、縣民無不懼罹其災。人心惶惶，闔地幾無一處倖免。

翌年，祖母黃氏去世，悲傷逾恆。兩年後，乃母葉太夫人無疾而終。這一年，瘟疫因戰亂蔓延，迅速而廣泛。其女被染，雖延醫診治，卻藥石罔效，離開人寰，使其悲痛不已。其妻蔡氏，因憂母傷女，益以鄰人染時疫，致被傳染而與世長辭，年僅四十而已。在家鄉期間，曾先後作〈祖母貞淑儒人黃氏壙志〉，及〈先母宜人莊懿葉氏壙志〉。

年五十，服喪期滿，出任太僕寺少卿，而頗得首輔徐階之賞識。同年六月，轉任南京都察院右僉都御史，兼任提督操江。赴任後，即著手整理防務，編訂〈軍餉〉、〈兵食〉、〈兵船〉等篇什，題曰：《江防要覽》，分別頒予郡、營、州、縣，俾資遵守。並撰《江防信地》二卷，以爲「立法更制，分疆劃界，以地責人，以人任地，網之以提調，紀之以列屯，參之以會哨，經之以界限，緯之以時日，明功罪，核欺蔽。浮戶洲民，漁戶水舠，有保甲之司，有出入之籍」。⑥他認爲如此則可使江防固若金湯，從而可以維護國家之安寧。

翌年三月，朝選陞都察院右副都御史，綜理南京糧儲。五月，明廷以山東地處要津而民疲財竭，須有廉能者撫之，故特命他以同一職銜改撫山東，並督理營田。在職期間，因頗能體恤民困而實事求是，所以治績顯著而爲層峰所賞識。穆宗隆慶元年（一五六七）五十二歲時，以右副都御史巡撫山東銜受任爲南京戶部右侍郎，提督漕運。未及就任，即改任刑部左侍郎。正三品秩，誥封三代。由於當時刑部尙書尙未到職，明廷乃欽命他代理尙書。朝選上任後，一切訟案皆秉公處理，嚴格執行法令，凡有冤獄，悉予平反。這一年，長子兢因父蔭，授都察院檢校之職。

當時，權臣張居正任吏部侍郎兼東閣大學士。居正因其祖父與明太祖第十五子之七世孫，封賜在現今荊州的遼王朱憲㸅有過節而曾受其凌辱，故欲報此私仇，並奪其壯麗宅第，乃以淫虐、謀反罪名加諸遼王身上，遂於隆慶二年奏遣朝選親往查證。居正爲獲得符合自己心意的報告，乃親自造訪朝選，欲以其地位與權勢，迫使朝選在撰寫報告時，將莫須有之罪名加諸遼王身上，將其置之死地，以遂其公報私仇，及奪王家府邸之目的。惟朝選非僅不怕居正遣人威脅利誘，還據實向朝廷報告調查結果——

—遼王淫凶有實，謀反無據。居正因自己陰謀未能得逞，遂利用職權使湖廣巡撫勞堪羅織罪名，將朝選削職，使歸原籍，旋又陷害遼王，並奪該王府邸及其金銀財寶。

朝選失位返梓後，不時與好友遊山玩水，賦詩、作文以自娛。由於平日爲官清廉，除俸祿外別無收入，所以家境清貧，⑦不得不在家鄉設館課徒，以維持生活。

朝選去職返鄉後雖已經數年，張居正對他卻仍不放心，恐他揭發自己曾欲其陷害遼王事，遂密囑其同黨——福建左布政使勞堪，和同安縣知縣金枝，將莫須有之罪名加諸朝選身上。勞堪等人誣告朝選後，居正即從中運作，得旨提問。居正在勅旨未到之前，即將此事通知勞堪。堪以提問不足以洩心頭之恨，竟遣兵數百，於拂曉重重包圍朝選府第，更闖入屋內，持刃迫寢，毀髮扭辱，徒步驅行至縣門，星夜解抵泉州府幽禁。

朝選被幽禁於泉州府時，郡守猶以縉紳來對待，惟當勞堪的密檄送達後，郡守的態度驟變，竟將其械送至省城。赴省途中，防守嚴密，親信無法接近。

朝選至府城後，日夜跼蹐於獄中，既無飲食，復不能睡眠，而童僕、親人又無法接近。在此情形之下，不出數日便奄奄待斃。而勞堪竟囑獄卒以砂土袋壓朝選口鼻，使其窒息而亡。時在萬曆十年（一五八二）正月二十四日。享年六十七歲。

朝選遇害後二年，其長子兢具狀爲乃父訟冤，陳述勞堪擅自下令濫施酷刑情狀。刑部右侍郎亦言勞堪於巡撫福建時殺侍郎洪朝選事。結果，勞堪坐戍、削籍。張居正雖於朝選遇害之同年三月因病去世，卻由於遼王次妃疏辯憲㸅冤情，及居正之強佔其祖業與庶人之金銀財寶，故經遣官調查後，將其所侵佔王府倉基房屋並池湖州田及一應財產，均抄沒入官解京。弟、子、孫俱戍邊。

朝選之冤屈獲得昭雪後，兢又上疏請求賜葬。萬曆二十二年（一五九四）二月，神宗下旨遣福建布政使司左參議余懋中至朝選家鄉予以公祭，以慰忠魂。祭文曰：

> 惟爾早奮賢科，歷官郎署，踐更中外，茂卷風猷。撫雄鎮而隨任有聲，握大獄而持法不撓。忤時去位，遭害殞軀。奇禍烈於當年，公論昭於易世。丹書凜若，雪刻木之沉冤。國是昭然，還爽鳩之舊席。特頒祭葬，用示恩愍不昧。爾靈服茲休渥。

朝選文才俊秀，爲政清廉，享有「南都四君子」之令譽。其所著書除前舉者外，尚遺有刊行於光緒年間的《洪芳洲公文集》七冊。其二十一世孫福增大律師爲使此一《文集》能夠流傳後世，乃慨斥鉅資，加以重印。其宗親新店洪若石，市頭洪輝星各曾收存《洪芳洲公文集》二冊，雖尚缺二冊，但資料寶貴，亦予影印保存，並附〈勘誤表〉，俾便研閱。又，福增大律師編著《洪芳洲公年譜》一冊，乃爲研究洪朝選的最佳資料。

三、《洪芳洲公文集》與唐荊川之剿倭

洪朝選生存的年代，乃正值中國東南沿海地區倭寇最猖獗的時期，由於其遺著中有若干篇什述及

此一寇亂，所以下文擬就此遺著所見倭寇史料，來探討當時文官武吏剿倭的情形。

由洪福增大律師所重刊《洪芳洲公文集》分上、下兩卷，上卷收錄〈歸田稿〉、〈摘稿〉，下卷輯〈讀禮稿〉、〈續稿〉。本書卷首有晉江陳棨仁書於光緒壬辰（十八年，一八九三）端三月之〈重刊洪芳洲先生文集序〉，洪氏裔孫曜離於同年中秋節前五日所書〈重刊芳洲祖文集後序〉，及同安洪氏二十一世孫，亦即重刊此《洪芳洲公文集》之洪律師於一九八九年十一月十五日所撰〈重印芳洲祖文集序〉。由這些〈序〉可知，此一《文集》在光緒以前已被刊行而流行於世。

據福增律師〈序〉所紀，則此《文集》原將〈歸田稿〉三卷，〈續歸田稿〉二卷，各都爲一冊。〈摘稿〉四卷，分訂兩冊。〈讀禮稿〉二卷，〈忠孝乘〉一卷，〈續稿〉一卷（含學靜公奏疏）各爲一冊。共七冊。惟昔日之鏤版已燬於倭禍，僅存手鈔本。光緒十八年夏，同安洪氏族人鳩資重刊。然因年代久遠，重鐫版亦散佚殆盡。所以在民國初年，其僑居南洋之洪氏子弟又集資，以光緒十八年之重鐫版爲藍本，重新加以編訂，都爲四冊刊印。一九八九年重印者則經與福建省圖書館所典藏完整無缺之另一手鈔本七冊，及福建師範大學圖書館所庋藏光緒壬辰年之鐫版本五冊相互對照，然後將原裝之七冊合訂爲上、下兩冊，並將〈筵賓館寄家書〉，及〈爲夫辨冤本〉各一篇附於卷末。福增律師雖謂重印此《文集》是爲「俾後世子孫洞悉吾祖被誣蒙冤實情，以表哀悼，而誌不忘」，然觀其內容，非僅同安洪氏裔孫應讀它，凡研究明史者也應再三仔細研讀。如此則對明史研究，尤其對嘉靖後期至萬曆前期的史實，及剿倭情況當會有更深入的瞭解。

《洪芳洲公文集》雖無專論倭寇肆虐東南沿海地區的篇什，卻可由它所輯錄尺牘、序文、行狀、碑文、頌辭中得知嘉靖後期靖倭之役的部分實況。此《文集》所錄平倭始末最爲詳盡者，當是〈明都察院右僉都御史巡撫鳳陽等處地方提督軍務前右春坊右司諫兼翰林院編脩荊川唐公行狀〉一文。唐順之雖是「於學無所不窺」⑧的大鴻儒，卻在倭寇大肆蹂躪江、浙，工部右侍郎趙文華至江南督察軍情之際，經文華上疏推薦而被任命爲南京兵部主事。文華疏薦時，順之適因丁父憂而沒有上任，但明廷卻下令免喪而召爲職方員外郎，升任爲郎中而出覈薊鎮兵籍。當他檢覈後，發現該鎮缺伍三萬餘，現有兵員對戰事亦無法勝任，故曾條上便宜九事，⑨結果，總督王忬以下俱貶秩。

不久以後，順之奉命前往南畿、浙江誓師，與胡宗憲協謀討賊，⑩惟《明世宗實錄》、《明史》，卷二〇五，〈唐順之傳〉均未紀錄其受命前往南畿、浙江之理由，但《洪芳洲公文集》上卷所錄前舉唐順之〈行狀〉有如下記載云：

> 朝議復以（荊川）公使浙、直。……朝議以訓練土兵其職，而歲調邊兵以靡（糜）糧餉，非長久之策。且督撫諸臣自虜患以來，無歲不以練兵爲辭，宜有成緒，故使公勘其事。舟山者，定海一島也，倭賊蟠據者若干年，已設總兵官專駐定海，日與舟山賊對壘。及令久住內地，無爲國家討賊逐寇之意，苟延緩歲月耳。而兵備海道守臣參將等官，咸有地方之責，不聞相與逐寇出海島外者，是皆非肯任事。二者皆廟堂重托也，故特予委公。

這段文字的內容不僅當時的官方文獻未曾提及，對明代倭寇之肆虐情形有較詳細記載的采九德《倭變事略》，鄭若曾《籌海圖編》，鄭舜功《日本一鑑》，錢微《虔臺倭纂》，徐學聚《嘉靖東南平倭通錄》，或《江南通志》、《浙江通志》等，也都沒有說明順之被派往該地的經緯，故《洪芳洲公文集》的此一記載，使我們對明廷派遣唐順之從事靖倭的經過有更深一層的認識與瞭解。

前此舟山倭寇因渠魁王直爲浙江總督胡宗憲所誘捕，被關入浙江按察司獄，其徒黨憤慨異常，乃焚舟登山，據岑港固守以爲報復。迄至嘉靖三十七年（一五五八）八月，此一夥倭寇將其巢徙至定海東方海中的柯梅，⑪胡宗憲任由他們離去，不予追擊。⑫十一月，柯梅倭駕舟出海。總兵俞大猷等自沈家門引舟師橫擊，沉其末艘，稍有斬獲。餘賊三千則以舟趨洋南去，至泉州與去年來的倭寇合踪，泊浯嶼。因此，閩人大譟。於是福建與潮廣間紛紛以寇警聞矣。⑬

明廷雖遣順之征剿舟山倭，惟當順之至浙江時，王直餘黨已離開浙江南去，故乃留在浙江與胡宗憲計議軍事。順之以爲禦賊上策，當截之海外，縱使登陸，則內地咸受禍。⑭故乃親自泛海，從江陰抵蛟門大洋，一晝夜行六七百里。如據《明史》本傳的記載，當時「從者咸驚嘔，(順之)意氣自如」。該〈傳〉又云：

> 倭泊崇明三沙，（順之）督舟師邀之海外，斬馘一百二十，沉其舟十三。

《明世宗實錄》，卷四七二，嘉靖三十八年五月壬辰朔、辛巳、己丑、甲午各條雖亦記載官軍征剿廟灣倭賊事，然其記事不但簡略，也未曾提到順之曾參與此一戰役。故容易令人誤以爲討伐廟灣倭賊的主要人物是巡撫鳳陽都御史李遂，兵備副使劉景韶，巡撫應天都御史陳錠等人。當總督侍郎胡宗憲上奏廟灣之捷時，順之雖也與宗憲一樣獲賜三十兩銀子的獎賞，卻未提及他在此役中奮勇作戰的經過，故無法使人明白其所以獲賞的理由。幸虧〈行狀〉有如下記載云：

海門要害處原設有會哨官，當春汛急時，令其往來互應夾擊。諸將官既不自下海，而哨兵各退避內地，賊至，第左右影射推調。凡倭賊往往乘便登陸，浸淫不可制，坐此故也。公深知其弊。未幾，春汛急，乃自登海舟，督諸將泊崇明沙。至，出篋中絨紵賞諸將，拜而約之。復戒之曰：「不爾有此刀也」。於是我兵艦始連亙海岸。賊見驚曰：「江南自來無此備也」。俱往江北登岸。公復督諸將擊賊，諸將感義奮勇，凡犂沉賊船十三隻，得首領百二十顆，衣器無筭。餘賊登三沙。人謂：「自蘇、松用兵以來，未有是捷也」。

而對當時諸將擔負海防的情形既有所論述，對順之所以親自登舟，督促加強海防，及諸將士所以奮勇擊賊，終於獲勝的經緯也有所論及，能夠彌補其他各種史料之不完備處，如《明史》〈唐順之傳〉所謂：「斬馘一百二十，沉其舟十三」的戰果，經此〈行狀〉的記述，其獲勝經過便更爲清楚了。

〈唐順之傳〉繼上舉文字之後又說：

順之聞賊犯江北，急令盧鏜拒三沙，自率副總兵劉顯馳援，與鳳陽巡撫李遂大破之姚家蕩。賊窘，退巢廟灣。順之薄之，殺傷相當。遂欲列圍困賊，順之以爲非計。麾兵薄其營，以火礮攻之，不能克。三沙又屢告急，順之乃復援三沙，督鏜、顯進擊，再失利。順之憤，親躍馬布陣。賊搆高樓望官軍，見順之軍整，堅壁不出。

此言順之等人在三沙殺賊致果以後的剿倭情狀，惟其所言過於簡略，無法讓我們進一步瞭解事情的眞相，而《明世宗實錄》或其他倭寇關係的紀錄亦復如此。就這方面而言，〈行狀〉說：

是時江北告急，督府以總兵盧鏜往援。（順之）公留鏜往三沙，而身赴江北之急。時賊雖敗於姚家蕩，而賊眾千餘尚聚廟灣場，勢猖熾。四月二十九日，公發淮安，駐馬邏，去賊巢七十里而軍。五月初一日，移營駐新溝東，去賊巢五里而軍，露宿都指揮何本源營。

〈行狀〉繼言：前此何本源和淮揚中軍指揮倪祿，沂州班兵千戶王皋，及南京兵部所遣家丁營新溝參將朱仁，千總苗騰，與廟灣賊巢諸將軍隔河而營，領溆浦兵守備高濯，鳥銃手贊畫沈遷、桂汝攀，處州兵葉燦，箭手周衝，五軍及指揮刑（邢）鎮所部青州兵則隨順之住營之情形。翌日中午，諸軍戰於廟灣。巢賊雖中鉛彈，卻仍馳入巢。因無法割首級，而倭賊們所據之巢既堅厚，防守又甚牢固，於是順之始與江北都御史李遂商議，決定從南北夾擊，用火來攻。並且又懸賞格，募將士立功。然後述及上舉諸將分別統率所部兵，根據順之與李遂的協議作戰的情況云：

議定，乃部署諸軍所從入：高濯、何本源、倪祿，由西大路塡溝入，朱仁、苗騰，由南路；而以千總沈儒騎兵潛師渡河，貼仁、騰戰。又夜遣健士裹子母砲詣仁營，使隔河擊賊船。密令仁埋椿(樁)於下流淺狹處，斷賊船入海之路。其北之通雲梯關者，刑(邢)鎮兵主之。管火藥儒士周需，則齎將軍砲、子母砲、佛郎機砲等火器以俟黎明。諸軍如節度移營逼巢，兩河大砲與鳥銃齊發，聲殷原野。墻毀船摧，巢賊多中鉛彈死。頃之，賊出，衝陣。遇銃、箭，回。回，復衝。如是者頃刻十餘合。驍賊四人，升樓望，以一鉛丸落其一，餘滾霤下，不敢復登。賊奪氣。

〈行狀〉又記載順之鑒於倭賊在作戰之際，往往設伏而得計，乃遣鳥銃手、騎兵同青州兵搜伏而斬賊首甚多。此時巢中之賊悉突圍而出，青州兵稍卻。塵起，賊鉛彈、矢如雨至。順之據鞍整衆返回時，賊雖望見，卻不敢躡其後。此次戰役，官軍得首級四十六顆，南北燒、擊船十三隻。此一戰果雖亦見前引〈唐順之傳〉，但〈行狀〉所記載者實更爲詳盡。所以如無〈行狀〉，我們就無法得知順之在江北——廟灣作戰的情形。

就崇明三沙方面之勦倭情形言之，〈行狀〉云：

蘇松兵備以三沙之賊，諸將不進兵來告。總督軍門(胡宗憲)復以書促過江。(順之)公以廟灣賊已入囊中，不旦夕擒即走。而身兼南北之責，復以(於)五月十五日至沙。是時，賊蟠據巢已一月，而諸將未有一人上沙者。公謂：「兵法：宜乘其新至，饑疲，營壘未成擊之，則我有萬全之利而賊可殄。今機會已失，而諸將循襲觀望，猶如故時態，是將柙中之虎復噬人也」。

此言唐順之對當時崇明三沙之倭賊的看法。他認爲官軍因失致勝先機，故乃嚴督總兵盧鏜，參將劉顯、劉堂等，於同月十八日率兵上岸立營。他本人所統率之高淀等五軍，及以土官張空所率鎭溪兵則都上岸聯營。於是順之乃厚立賞格以激勵士氣。〈行狀〉言在此以後的作戰情形曰：

二十一日黎明，盧鏜率鳥銃兵，劉顯率所部郭成車梁兵，劉堂率所部田應山、王如澄兵合攻賊。鏜兵先逼巢，得首級二顆，顯兵得首級六顆。賊分精銳衝劉顯兵。顯兵與鏖戰。賊不得利，衝劉堂兵。田應山兵未交遽遁。王如澄兵以苦戰死傷多。而堂兵之逼巢者多爲賊殺。餘兵見敗，亦奔。盧鏜遂還營。劉顯、高淀尚戰於巢門，見鏜還亦還。衆議以爲劉顯素騎將，宜令居前爲先鋒，鏜以大將駐後爲老營，諸將各以兵綴顯而罄選鋒付之，如此庶可全勝。公是其策。

〈行狀〉說到了六月初一日，劉顯率經挑選出來的先鋒兵馬攻巢賊，但賊不出來應戰。會總督軍門胡宗憲所遣遊擊王應岐之五千兵，都指揮李忱所募土官吳九韶兵二千至，兵勢因而稍振。〈行狀〉繼言在此以後的戰況如下：

初六日，會兵復戰。王應岐兵先潰，殺死贊畫李應春，張窖兵繼潰。初七日，復戰。賊蜂擁出，張窖兵先奔，諸將兵俱奔。盧鏜斬其一人；開銃擊奔兵，不能止。賊數戰，頗易我兵，至是徑追至營，張甚。盧鏜營舉放發熕佛郎機，連倒七賊，各營亦發銃擊賊，賊纔歸。是役也，非藉火器，老營幾不守。

亦即官軍靠火器方纔將強悍的倭賊擊退。

前此進攻廟灣之倭賊時，順之無不躬自擐甲臨陣督戰，但在此次三沙之役，卻以盧鏜爲總兵，劉顯爲副總兵指揮作戰，其故安在？〈行狀〉言其因在於因食海水，復因天氣炎熱，致患痢疾，體力大損。雖然如此，卻仍與兵備熊桴在老營督戰。但因眼見諸將易進易退，不足倚仗，遂不顧己病未癒，復自擐甲上陣。

十一日，復戰，分布陣勢。指揮伍惟統，把總田應山爲誘兵布巢門；土官吳九韶，副總兵劉顯，率苗兵分伏左右；王應岐選鋒兵與張窖兵左右綴伏兵；將誘賊入伏而擊之。盧鏜劄老營如舊。王應岐餘兵及王如澄兵左右翼，以防衝突。陣畢，公擐甲遍巡諸軍，促營中傳餐食士。賊甚狡，已先爲木樓高四層，以望我軍動靜，十里必見。是日，賊不出，劉顯請掣兵。公語顯曰：「合兵甚難，少忍時刻，賊去矣」。顯又謬言軍饑。公知其爲畏賊也，而前視誘兵，見誘兵亦怯，乃自過誘兵而前。下馬拔刀步行。過鱭魚港，去巢二箭許。盧鏜、劉顯爭前抱持曰：「奈何若此」？公曰：「吾不能督諸將，惟有自往死鬥耳」。鏜、顯誓以必滅賊，遂扶公上馬還。頃之，兵竟掣。明日復戰，土兵傷，遂退。時公方陞通政，以舊璽書權輕，無以令諸將，欲待新璽書行事，因暫還太倉俟勅。

由〈行狀〉的這段記載，我們不僅可以瞭解當時在三沙靖倭的諸將領之態度，也由此得知《明史》〈唐順之傳〉所謂：胡「宗憲言順之權輕，乃加右通政」的理由。而順之之非暫還太倉等待詔勅不可的無奈心情，也可從而推知。〈行狀〉復言：

諸將官見公回，即欲以船與賊送之出洋，幸賊去，嫁禍他地方，已得無事。公開（聞）之，怒甚。因冒風濤往喻，諸將乃不敢，然賊已自取民家車箱材造有小船矣。公復令諸將嚴守以防突走，而知諸軍之守必不能固策；賊已窘，必逃死自救。因設五伏兵以俟。賊果離巢，分爲三營出。分一小夥過火燒港掠舟，前所伏港側者見賊至，先驚遁。賊遂遁，乃合大夥還巢，蓋幾中公計云。

只因諸將竟畏避掣回內港，致賊乘風雨夜遁，前往江北。由此觀之，順之是冒著溽暑，在海船中與賊作戰，他雖因麾下將領之未能奮勇殺敵而將三沙之倭殲滅，但當初賊舟始至崇明時，如非他邀擊於海，犂沉幾盡，則江南北之受禍必久，故其戰功不可沒。

由上述可知，崇明、江北廟灣兩地之剿倭，順之之功甚偉。所以明廷論此兩地之戰功時，他均受銀幣之賜。然而各史乘對他冒險犯難，帶病上陣，以及領軍作戰的經過都沒有記載，所以，如無〈行狀〉之紀錄，則順之戡亂平倭的事蹟，不僅永無彰顯的機會，對於蟠踞崇明三沙之倭寇在嘉靖三十七年當時，究竟被如何擊退的史實，也永無瞭解之一日。

四、《洪芳洲公文集》所見福建之靖倭

如據《明太祖實錄》的記載，福建倭亂始自洪武五年（一三七二）八月乙亥朔丙申(二十二日)，倭夷寇福州之福寧縣，前後殺掠居民三百五十餘人，焚燒廬舍千餘家，劫取官糧二百五十石。此後則除於永樂八年（一四一〇）十一月寇掠福州平海衛，十八年正月復寇福寧；正德五年（一五一〇）八月寇掠漳州外，都未曾受其騷擾。惟至嘉靖三十年代，尤其王直餘黨於三十七年十一月，從舟山群島揚帆南去，泊泉州之浯嶼以後，即寇掠同安、惠安、南安諸縣，攻福寧州，破福安、寧德。明年四月，遂圍福州，經月不解。福清、永福諸城皆被攻燬，蔓延於興化，奔突於漳州。故倭患自江、浙盡移於

福建，而潮州、廣州等地區亦不斷受到他們的侵擾。⑮

王直餘黨泊浯嶼經年，至三十八年五月開洋去南澳，在南岳建屋而居。⑯其在永福之倭舟則出梅花洋，爲參將尹鳳等之舟師所分擊，斬首百餘級，生擒九人。既而復回舟泊澳頭。未幾，又遁。鳳等再以水軍追擊於橫山，斬獲甚多。

迄至三十九年，《平寇記》云：

正月，倭攻惠安大岞洞，不破。回航犯山腰，掠殺甚慘，並俘村民。搶鹽下倭船，約數千擔，始呼嘯揚帆而去。

萬曆《泉州府志》，卷五六則云：

庚申（三十九年）正月，倭寇南安英山等處。一支由潯美登岸焚劫，仍至車橋，官兵拒之。一支由法石登岸焚劫，亦至南門城下，遂合犯南安。

當時王直餘黨在南岳建屋而居，未見他們遷徙他處的紀錄，故上述之劫掠，應是他們之所爲。

二月，倭賊六十餘人流劫潮州，⑱自廣東方面突入詔安走馬溪，其勢甚熾。與官軍作戰而被沉數艘，遂敗走。⑲又一支則自同安屯三都，旋渡江流劫方田、漳州佛譚橋、峰山、溪南等地後突入長泰、高安，復屯月港。⑳福寧銅山之賊則自前岐犯泰順、莒岡等地。㉑三月，倭賊襲福州府，爲巡撫劉燾所拒；㉒攻和平縣，爲官軍所阻。㉓四月，復犯福安縣，知縣盧仲佃等率衆抵禦。㉔乃寇崇武堡，據城四十餘日，大掠而去。其掠南安之賊，則逼城肆意寇掠，經三十餘日後方纔離去。㉕

又,《滄海紀餘》記載泉州方面之倭賊云:

嘉靖庚申四月,漳賊謝萬貫率十二舟,自浯嶼引倭陷浯州,大掠。(同安)知縣譚維鼎,率義兵救援,泊澳頭。賊乘隙南竄。

萬曆《泉州府志》,卷五六亦謂:

五月,倭犯同安,知縣譚惟鼎率兵抵禦。

此事並見於道光《廈門志》,卷一六,言:「四月,新倭屯浯嶼」,而將時間繫於四月。然同安之被寇在五月,可由《明史紀事本末》,卷五五,〈沿海倭亂〉所云:

舟山倭移舟南下者,經年播害閩、廣,尋開洋去。此次倭檣櫓復蝟集,閩、廣再度警戒。五月,犯同安,知縣譚維鼎率兵抵禦。

獲得佐證。《明世宗實錄》與《明史》〈日本傳〉雖未紀錄譚維鼎禦倭之事,惟就《洪芳洲公文集》,上卷所輯錄〈譚侯遷官致賀序〉,及〈賀譚侯擢本部海防二守序〉觀之,維鼎在此次禦倭戰役中有相當卓越之表現,故不僅獲其上司之賞識,也得到同安居民之稱美。㉖

光緒《漳州府志》,卷四七言官軍討伐自月港遁走之倭賊云:

五月,參將王麟,把總鄧一貫(貴),追擊倭寇於鼓浪嶼及刺嶼尾,大敗之。

《籌海圖編》,卷四,〈福建倭變紀〉則云:

五月,月港之賊敗遁出海。官軍追擊,大敗之。——先是,賊巢月港。官兵於泉州、海倉、白石、鎭海、野馬、井尾等處擊之，皆勝。至是，追出海洋。參將王麟，追擊於古（鼓）浪、東砟、鎭海山。把總鄧一貴（貫），追擊於刺嶼尾。五戰，皆勝之。沉舟數十，斬獲數百。賊首徐老、許西池、王老，及日本頭目尚乾皆就擒，所部三千餘徒，悉溺水無遺。

而大獲全勝。八月，賊攻陷安溪縣與永春縣。㉗乾隆《永春州志》，卷三四亦云：

倭寇至永春，知縣萬以忠棄城遁。賊肆焚掠。義民尤濂、許時佐與禦，大獲全勝。乘勝窮追，兵弗繼，死之。

就廣東方面而言，《籌海圖編》，卷三，〈廣東倭變志〉云：

三十九年正月，廣東會擊闢望之賊，大破之。——時，賊爲官軍追擊，移屯潮陽貴山都屯。指揮武尚文及鄉兵，連戰皆捷，賊改屯古埕。乙酉，賊遁往南洋灣。典膳秦金與官兵合擊，大敗之，斬首三百七十。賊潰，渡河。官兵邀之，復大捷。戊子，賊祭江而來，誓復南洋灣之仇。尚文等官兵又大敗之。甲午，古埕營賊出掠，官兵又敗之。二月戊戌，賊復回平和沙嶺。己酉，賊至大濬橋，官兵又勝之。戊午，賊復來掠。守備兵擊之，賊大潰，俘馘八百有奇。四月，僉事齊遇與海道參將會師追之，斬三百六十。殘賊悉遁。

倭犯潮州之事並見於《明世宗實錄》，及《明史紀事本末》〈沿海倭亂〉。乾隆《潮州府志》，卷三七紀：賊於六月入潮州城，通判翁夢鯉率士民抗拒。七月，倭攻大埔，爲知縣馬俶芳所敗。八月則寇潮州之三河、湖寮、古城、楓郎諸郡。

以上所考察者爲王直餘黨南遷浯嶼後，閩、廣地區被寇掠的情形，及官軍平倭的梗概，惟此並不表示那些寇盜已完全被殄滅，而其勢仍甚猖獗，連興化府也陷於賊手達五個月之久。在收復府城時，居然奪回十五顆衛、所鈐記。㉘此可由《明史》〈俞大猷傳〉、〈戚繼光傳〉、〈日本傳〉等獲得佐證。

值得注意的是從嘉靖四十年代前後開始，林道乾、林鳳、吳一平、黃朝太、張璉、蘇雪峰等渠魁，與官軍征剿他們的情形，在《明實錄》或方志中一再出現，但大都語焉不詳，故無法令人作進一步的理解。所幸《洪芳洲公文集》，上卷所錄〈虔臺紀績序〉對此一時期寇掠閩與惠、潮等地的情形有較詳細的紀載，可以彌補這段寇亂之紀錄的若干空白。該〈序〉云：

> 閩與惠、潮間歲被倭，積屍如麻。破城陷邑，若履無人之墟。姦民、惡少，益用桀肆。而饒寇張璉者，故爲斗庫，侵欺官錢糧挂法，始以失計，良家子爲寇盜，倡諸巢，蚍結蟻附，相與肆狂稱亂，亂不已。於是其黨閩巢賊梁甯，廣土賊林朝曦，合黨寇吉安，殺副使汪一中，勢張甚。巢賊、土盜，所在蜂起，時嘉靖四十年也。

此言劇賊張璉、梁甯、林朝曦合踪肆虐的經過與其時期，這段文字的內容乃《明實錄》、《明史》等所無而彌足珍貴。該〈虔臺紀績序〉又云：

> 〔李同知〕公既擢任贛州，官兵弱，遇敵輒北，不足用，因用賊兵代官兵。始，滿總者安遠屬巢人，以歸附署爲兵總。其後安遠知縣某貪功，欲計擒以爲己能。滿總偵知，遂叛去。都御史

范公卿欽劾，某去之而滿總竟不歸。公始招用之。滿總歿後，其妻曾用事，公尋知其與梁甯通謀以詰其姪。葉祿、葉凱、祿凱逼，曾自縊死。公遂委用之，無所疑其餘。在行間兵盡賊兵，或陽山兵、浙兵、狼兵，雖其領兵官，多不盡用衛所官，而用曾立戰功者。其罰尤嚴而信。始至，虔即上疏請全留鹽課以佐軍興。吏士有功，賞溢所望。其有奸旗鼓，即戮以徇。捐萬金付賞功官，得賊，於賞格之外更優酬之，而刑人者於公前牽一虜婦，公即命曳去斬之。以是士用命，而三軍肅然，無敢犯令者。

此言李同知的爲人，謂其信賞必罰，用人惟才。惟其信賞必罰，故將士用命，三軍肅然，無人敢干犯命令。惟其能用人惟才，故能拔擢異材而親信任之。如汀州府推官劉宗寅，詔安知縣龔有成，武平知縣許甫宰，皆自府佐縣令特薦爲府貳或方面。故其文武大吏，素有夙望才略者，他必委之以心復，如都御史譚綸，參議金淛、張冕，總兵俞大猷等人，皆受其知遇之厚。上舉諸人既因他而得以盡其才，而他亦以此成其功。該〈序〉繼上舉文字之後記載擒獲渠魁張璉之始末云：

將吏之凡受成於公者，莫不踴躍自奮。於是首蹙梁寧批、林朝曦，再殪盧梅林、姚戴鳳、劉肯，……先聲既振，氣燄愈張。於是始與張璉之師。會巡按廣東御史蔡君結疏言張璉事，請以兩廣兵駐潮，汀贛兵駐汀，福建兵駐漳，江西兵駐建昌，會師大剿。於是兩廣兵十萬分爲五哨爲某哨，福建兵若干爲詔安哨，江西兵若干爲某哨。公以勁師六萬分幾哨爲平和哨，刻期進師。元戎首路，群帥大集。於是先擣其巢七。璉以領眾攻漳州，故離巢。既而聞剿，兵始回嶺底巢自保。

由於李同知用人惟才，知人善任，故凡將吏之受其知遇之恩者，無不踴躍自奮，效命沙場。所以在短時間內便擊敗了梁寧批、林朝曦、盧梅林、姚戴鳳、劉肯，……諸賊。然後利用官軍氣勢之高漲，與征剿張璉之師。在此，我們不僅從而得知當時所動員的官軍之規模，也可由此推知張璉的勢力是如何的龐大，而負責征剿此一劇賊的指揮官所部署的作戰計畫是如何的嚴密與周詳。該〈序〉又云：

> 璉故恃嶺底黨，嶺底者，平和、饒平間之界賊也。公於未進兵時購璉以萬金，官都指揮使。其下稍有應者而未敢發也。已而見巢擣蝟縮入嶺底。於是嶺底黨郭玉鏡、劉綱、袁三鳥始賣璉以獻。

亦即張璉的部下見利忘義，將璉俘獻官軍。如據該〈序〉的記載，則當璉見俘後，

> 巢賊、土賊俱無固志。公乃暴揚各巢附賊之罪，洗刷群黨脅從之辜，許其報效，滌其自新，而誅其不用命者。於是群賊錯愕觀望，或從或否。從者肆之，否者剿之。從與否不決者，或自戕於刃，或自鴆於毒，或自經於巢。而其首惡大憝雖願報效，必誅於纛下無赦。

於是徐加悌、謝世剛、陳紹祿以下眾頭目加以處死。林朝曦雖逃至廣東，但用計縛之，並磔於市。「於是五嶺之間，凶類蕩滌，惡巢廓清，山行野宿，商旅不驚」。㉙此次戰役，「凡誅僞僭號大賊者一人，誅賊首一百二十二人，斬首萬二千餘級」㉚云。

張璉係於嘉靖末年崛起的劇寇，三十九年始著名，乃大埔洞賊入海爲亂者。㉛《國榷》云：

> 勅兩廣、南贛、福建會討饒平盜張璉。璉，故廣東猾胥，盜帑敗入賊。……大埔盜蕭晚、林朝美等推璉爲長。自號飛龍人主，封晚等爲王。據詔安、和平，使晚據木窖，林贊據南靖，呂細斷汀漳道，楊舜、羅袍絕永定連城，王伯宣入倭。導倭犯潮、韶，牽我師，粵東大震。㉜

《籌海圖編》，卷八，〈寇踪分合始末圖譜〉謂璉曾於三十九年三月攻和平後劫大金出海。翌年九月，破南靖縣。㉝迄至四十一年二月，兩廣總督張臬疏請剿璉，以狼兵十萬，與福建、江西夾剿。臬本人駐惠、潮，福建巡撫游震得駐漳州，南贛巡撫陸穩駐永定而獲世宗之裁可。㉞雖然如此，各書均未言及官軍征剿張璉之事。所以若無上述《洪芳洲公文集》之相關記載，則我們將永無瞭解張璉一夥被消滅的經緯之一日。就這點而言，《文集》之紀錄實提供了嘉靖末年剿倭戰役的珍貴史料，對研究明代倭寇、軍事、社會史有莫大裨益。

五、結　語

以上乃根據明代末年出身福建同安的洪朝選之遺著《洪芳洲公文集》所見有關倭寇之篇什，來探討它對嘉靖三十年代末期唐順之征倭之經緯，與在四十年代初期，官軍征剿廣東劇賊張璉之始末所具有的史料價值。這同樣發生於嘉靖末期的兩個重大事件，雖然在地理上有南北之分，時間上有先後之別，卻有一個共同的特點：史料不足，難於探究事情的全貌，亦即難於探究寇盜抗拒的情況，與官軍戡亂的情形。我們雖從文獻史料中得知當時曾經發生過這些事件，但現存史料如非根本未提及，就是記事過於簡略，無法瞭解其眞相。幸虧《洪芳洲公文集》對這兩個事件有比較完整的紀錄，有助於對各該事件的進一步瞭解。洪朝選雖非專事紀錄這兩大歷史事件，而是爲人作傳及歌頌實際參與剿倭者之功勳，但這些篇什卻給我們留下了寶貴資料。洪朝選雖未曾參與戡亂，然如據《洪芳洲公年譜》的記載，他與征討崇明三沙及江北廟灣倭之主事者之一的唐順之，既是年輕時就已認識的朋友，並且又曾有一段時間一起切磋學問，而關係相當密切。所以朝選的〈荊川唐公行狀〉所記載內容應有所本而可信之不誣。至於征剿張璉之役，則朝選既是生存於嘉靖、萬曆年間的人，此事又是發生在距其家鄉不遠的廣東潮州一帶，則其紀錄必信而有徵，値得信賴。

此《文集》除記述崇明三沙、江北廟灣之役，與征剿張璉之事外，也還言及泉州指揮魏宗翰的平倭事蹟，㉟與倭寇之發生，「其始皆起於中國之人牟利爲姦，持中國物往市，豪宗大族，公爲區主，內地邊關，譏闌出入，不謹浸淫，至引入內地，使熟其險易走集，倚爲軍鋒。俟中國之人鳥驚獸駭，則從而焚掠、攻劫、擄贖，無一不得志者」㊱等引發倭寇的原因。竊以爲言及中國奸民之引倭、勾倭、誘倭者雖多，但其說之如此具體明確者並不多見。就這點而言，《洪芳洲公文集》也提供了相當寶貴的資料。由於朝選本身處於倭寇最猖獗的時代，而他賦閒在家之際，又是倭寇一再寇掠其家鄉同安之時。只因他身歷其境，故其將自己所感受或耳聞目睹之事實加以紀錄的文字，應較他人所寫者更爲深切而眞實、可靠。惟美中不足的是：他所紀事情發生的時間欠詳，無法讓人瞭解當時採取某一軍事行動的確實日期。故除非有其他相關資料可以印證，則只能讓人知道它發生的大概時間而已。此一情形固爲昔日中國之文獻史料的通病，但如能像《明實錄》、《倭變事略》、《嘉靖東南平倭通錄》、《國榷》似的，將每一事件發生的時間紀錄清楚，則對明代倭寇或其他問題的研究，必會有更大裨益。

【註釋】

①：《明太祖實錄》（臺北，中央研究院歷史語言研究所影印本），卷三八，洪武二年正月是月條。《明史》（臺北，鼎文書局，點校本），卷二，〈太祖本紀〉，二，同年月條；卷三二二，〈日本傳〉。

②：明太祖勅撰，《大明律》（明隆慶二年重刊本），〈戶律〉，「舶商匿貨」條云：「凡泛海客商舶船到岸，即將物貨盡實報官抽分，若停塌（榻）沿港土商、牙儈之家不報者，杖一百。雖供報而不盡者，亦如之，物貨並沒官」。〈兵律〉條則云：「凡沿海去處，下海船隻，除有號票文引，許令出海，若姦豪勢要，及軍民人等，擅造二桅以上違式大船，將帶違禁貨物下海番國買賣，潛通海賊，同謀結聚，及爲響導，劫掠良民者，正犯比照謀叛已行律處斬，仍梟首示衆，全家發邊衛充軍」。

③：有關寧波事件的經緯，請參看鄭樑生，《明史日本傳正補》（臺北，文史哲出版社，民國七十年十二月），頁四六一～四七八，及《明代中日關係研究》（同上，民國七十四年三月），頁三三四～三四八，或《明・日關係史の研究》（東京，雄山閣，一九八五年一月），頁二八五～二九八。

④：《明史》，卷二〇五，〈朱紈傳〉；卷三二二，〈日本傳〉。

⑤：本節據洪福增，《洪芳洲公年譜》（臺北，洪朝選研究會，一九九三年十一月，洪朝選研究叢書之一）立說。

⑥：洪朝選，《洪芳洲公文集》，下卷（臺北，洪福增重印本，一九八九年十月），〈題江防信地〉。

⑦：洪福增，《洪芳洲公年譜》，萬曆二年（一五七四），「公五十九歲」條紀有朝選言其家境清貧之七言絕句云：「負郭原無半頃腴，山田新買百升餘。里人莫笑清貧甚，欲學周黃恐不如」。

⑧：《明史》，卷二〇五，〈唐順之傳〉。

⑨：同前註。

⑩：談遷，《國榷》（中華書局本），卷六一，世宗嘉靖三十八年四月壬寅朔丁巳條。

⑪：《明世宗實錄》，卷四六〇，嘉靖三十七年十月甲辰朔辛亥條。《明史》，卷二〇五，〈胡宗憲傳〉；卷二一二，〈俞大猷傳〉；卷三二二，〈日本傳〉。

⑫：〈俞大猷功行錄〉紀賊徒徙柯梅之事云：「（宗憲）公自松江召盧（鏜）帥爭功，俞（大猷）帥論死。盧公竟誘（直）入見，則天子必欲殺直矣。不殺則違明詔，殺直則失信倭人。胡公恚曰：『吾爲俞帥所笑矣。有旨：必欲殲來者』。倭人怒曰：『吾非若，若爲賊者招我來，許我互市，又以貢也。竟不許，而又殺我耶？天朝詔令，何以信遠人哉』？遂焚舟走柯梅，人殊死戰」。《明世宗實錄》，卷四七〇，嘉靖三十八年三月癸酉朔甲子條則紀胡宗憲不追擊徙柯梅之倭云：「總督浙直福建都御史胡宗憲言：『舟山殘孽移住柯梅，即其焚巢夜徙，力已窮蹙。小船浮海，勢易成擒。而總兵俞大猷，參將黎鵬舉，防禦不早，邀擊不力，縱之南奔，播害閩、廣，失機殃民，宜加重治』。」而將其過失推到俞大猷、黎鵬舉身上。該《實錄》繼言世宗命巡按御史逮俞大猷、黎鵬舉至京訊治之後，更言：「柯梅

倭之出海，宗憲實陰縱之，故不督諸將邀擊。及倭既出舟山，即駕舟南泛，泊于浯嶼，焚掠居民。由是福建人大譟，謂宗憲嫁禍南道。御史李瑚遂劾參宗憲，數其三大罪。瑚與大猷皆福建人，宗憲疑大猷漏言於瑚，故諉罪大猷，以自掩飾如此」。請參看何喬遠，《名山藏》（明崇禎十三年沈猶龍等刊本）〈臣林記〉，「俞大猷」條。

⑬：《明世宗實錄》，卷四八五，嘉靖三十七年十月甲辰朔辛亥條有諸大臣彈劾胡宗憲無法討伐徙柯梅之倭賊，及宗憲爲此自我辯護之詳細紀錄。

⑭：唐順之，《唐荊川文集》（《明經世文編》，卷二六〇，明崇禎刊本）〈條陳海防經略事疏〉。鄭若曾，《籌海圖編》（四庫全書本），卷一二，〈經略〉，二，「固海岸」條。

⑮：《明史》，卷三二二，〈日本傳〉。

⑯：徐學聚，《嘉靖東南平倭通錄》（臺北，廣文書局，民國五十六年十月，再版），嘉靖三十八年五月條。廣文書局將此書與《倭變事略》、《紀剿除徐海本末》等其他篇什都爲一冊刊行。

⑰：同前註。

⑱：《明世宗實錄》，卷四八一，嘉靖三十九年二月丁酉朔己未條。

⑲：光緒《漳州府志》，卷四七。

⑳：康熙《漳浦縣志》，卷一一。

㉑：《明世宗實錄》，卷四八一，嘉靖三十九年二月丁酉朔庚子條。

㉒：乾隆《福建通志》，卷九一。

㉓：鄭若曾，《籌海圖編》，卷四，〈福建倭變紀〉。

㉔：同註二三。

㉕：同前註。

㉖：洪朝選，《洪芳洲公文集》所錄這兩篇〈序〉，不似唐順之〈行狀〉之詳言其剿倭經過，只敍述譚惟鼎對同安地方所作之貢獻。故惟鼎之究竟如何禦倭，難究其詳。

㉗：鄭若曾，《籌海圖編》，卷四，〈福建倭變紀〉，嘉靖三十九年八月條。王士騏，《皇明禦倭錄》（明萬曆刊本），嘉靖三十九年條。

㉘：《明世宗實錄》，卷五二〇，嘉靖四十二年四月戊申朔丁卯條。《福建省志》（待出）〈軍事志〉，同年月條。

㉙：洪朝選，《洪芳洲公文集》，上卷，〈虔臺紀績序〉。

㉚：同前注。

㉛：洪朝選，《洪芳洲公文集》，上卷，〈虔臺紀績序〉。鄭若曾，《籌海圖編》，卷八，〈寇踪分合始末圖譜〉。

㉜：談遷，《國榷》，卷六二，世宗嘉靖四十年五月庚申朔丙戌條。

㉝：前註所舉書，同卷、同年九月戊子朔條。

㉞：前註所舉書，同卷，嘉靖四十一年二月乙卯朔乙亥條。

㉟：洪朝選，《洪芳洲公文集》，上卷，〈贈魏指揮使序〉。

㊱：同前註。

豐臣秀吉的對外侵略

一、前　言

日本在應仁之亂①以後，即進入所謂戰國時代（一四六七～一五六七）。於此板蕩之世，使其國內逐漸步上統一之路的就是織田信長。②信長於一五六〇年在桶狹間（愛知縣）突襲今川義元③使其敗歿後，以破竹之勢兼併四鄰各「國」。其間，足利幕府於一五七三年滅亡。

織田信長一面從事征戰，一面為使貨暢其流，乃逐漸廢除中世以來在全國各地所設關卡和同業組織——座，使一般民衆得自由往來於各地從事買賣。並大刀闊斧的廢除莊園，保護新來的天主教，更對抱怨其勢力已步向黃昏的皇室表示忠誠。④然信長統一全國的壯志未酬而竟被其部將明智光秀⑤襲擊，戰敗而自盡——本能寺之變，⑥年僅四十九而亡。其一生雖短暫，卻留下許多輝煌業績，開拓日本近世的基礎。

織田信長去世後，其志業為其部將豐臣秀吉所繼承。秀吉與信長一樣，以武力平定全國，推行統一政策，並奠定文化建設之基礎。他們統一政策的基本方針，就是致力提高天皇的象徵地位，從而藉皇室的權威以統制諸侯——大名。與之同時，爲鞏固其徵稅基礎而丈量田畝——太閤檢地，且爲確立封建制度，乃發布「刀狩令」，使農民、寺院繳交刀、鎗、鐵砲（步鎗，即火繩鎗）及其他各種武器，使兵、農完全分離。在宗教方面則削弱佛教寺院的經濟力量，將他們納入自己的統制之下。更鑄造金、銀、銅幣，以推行貨幣經濟，及發展對外貿易。⑦

當秀吉即將平定全國之際，竟興起侵略亞洲各國之念，他不但於萬曆二十年（文祿元年，一五九二）發動大軍侵略朝鮮，且曾先後致書琉球、臥亞(Goa)、呂宋、高山國（臺灣），威脅它們要早日朝貢日本，否則發兵征討。

有關秀吉侵略朝鮮的問題，筆者已在《明代中日關係研究》⑧，第五章，〈明朝與豐田秀吉的關係〉中詳細論述，故在此擬探討其企圖侵略琉球、臥亞、呂宋、高山國等，尤其以欲入侵高山國問題作爲探討之重點，其餘則姑且不談。

二、《明史》所見之秀吉

關於豐臣秀吉的生平，日本的各種文獻史料所記載內容不一，且不乏帶有神話色彩者。這可能由於他出身卑微而竟能憑其本事，嶄露頭角，壓制群雄，終於完成使日本復歸統一之大業使然。因此，自十六世紀末以來，豐臣秀吉在日本人的心目中，是一位蓋世英雄，無論戲劇、電影、電視或小說，以他生平爲題材來渲染其「豐功偉業」，或歌功頌德者比比皆是。然對中、韓兩國人而言，他發動大規模的侵略朝鮮戰爭，及致書臺灣、琉球、呂宋、臥亞，威脅它們的行徑給人留下的惡劣印象，將永遠成爲殷鑑而傳衍下去。所以即使他在其國內有種種輝煌的成就，對其國家有偉大的貢獻，也無法掩蓋此一兇暴或蠻橫的指責。

中、韓兩國人士對豐臣秀吉的印象既然惡劣，則原應對他日常的作爲有較深入的瞭解才是，然而事實上卻未必如此。明朝人雖因他之入侵朝鮮而派遣大批援軍，致損失許多將士，耗費大量的糧秣與鉅額銀兩而蒙受偌大損失，卻只知他是侵略者，其他的一切則毫不瞭解，故所記有關他的生平多乖離事實，而尤以《明史》〈日本傳〉所載有關他來歷的部分爲然。由於這段記載與事實出入甚大，故必須予以必要之說明，以正視聽。

茲將《明史》〈日本傳〉所記載有關豐田秀吉的文字錄列如下：

日本故有王，其下稱關白者最尊，時以山城州渠信長爲之。偶出獵，遇一人臥樹下，驚起，衝突。執而詰之，自言爲平秀吉，薩摩洲人之奴。雄健蹻捷，有口辯。信長悅之，令牧馬，名曰：「木下人」。後漸用事，爲信長畫策，奪并二十餘州，遂爲攝津鎮守大將。有參謀阿奇支者，得罪信長，命秀吉統兵討之。俄信長爲其下明智所殺。秀吉方攻滅阿奇支，聞變，與部將行長等乘勝還兵誅之，威名益振。尋廢信長三子，僭稱關白，盡有其眾，時爲萬曆十四年。

衆所周知，自古以來，日本之許多部落國家擁有共主，至魏明帝時，其共主卑彌呼曾被冊封爲「親魏倭王」。後來，其主權者便由「王」發展成爲「大王」，更進而發展成爲含宗教性權威的中國式名號「天皇」。我們雖無從探究日域人士稱其元首爲「天皇」的確實年代，但千餘年來，此一稱呼已經固定而未曾改變。其設「關白」一職以輔佐天皇處理國事，則始自藤原忠平於九四一年奉後朱雀天皇之命擔任斯職之時。之後，擔任此職者非藤原氏莫屬。豐臣秀吉雖於萬曆十三年（天正十三年，一五八五）擔任這個職務，六年後把它讓給自己的養子秀次，但此屬例外。織田信長不僅未曾被任命爲關白，也非山城州(京都府)人，乃是尾張守護代⑨織田信秀之子。其言「偶出獵，遇一人臥樹下，驚起，衝突」云云，事出無據，不足採信。又言：「執而詰之，自言爲平秀吉，薩摩洲人之奴」，更是無稽之談。秀吉不僅未曾姓平，日域人士亦無人言其姓平者。其冠以平姓的係中土人士。除〈日本傳〉作如此稱呼外，《明神宗實錄》或宋應昌的《經略復國要編》亦作相同記載。其所以產生這種謬誤的原因，可能受日本平安時代（七九四～一一八五）武士源、平兩氏相互更迭之影響，以爲系出源氏的足利氏滅亡後，該由平氏出頭，而此事亦可由當秀吉一族滅亡後德川氏掌握大權時，中國史乘稱德川家康、秀忠父子爲源家康、源秀忠之事實獲得佐證。如據德川幕府（一六〇三～一八六七）麾下的旗本⑩土屋知貞著《太閤素性記》⑪的記載，則秀吉與織田信長一樣，出身尾張「國」，其父稱木下彌右衛門，爲信長之父信秀的足輕⑫，乃母則誕生於同「國」御器所。所以秀吉原姓「木下」，名叫藤吉郎。該《素性記》又謂秀吉在青少年時代，仕於久能城主松下嘉兵衛之綱，⑬二十歲前後時爲織田信長僕役。因此，〈日本傳〉所謂「薩摩洲人之奴」，乃有悖事實之記載。

《太閤素性記》更謂信長曾於嘉靖三十八年（永祿二年，一五五九）下令修築清州城。某日，城牆倒塌約六百尺，經二十餘日而未能修復。秀吉見此浩歎。信長聞之，乃命秀吉負責此一工程。於是他將工程人員分成十組，平均分擔六十尺的工程。結果，翌日全部完工。自此以後，其才華為信長所賞識，逐漸加以重用，俸祿亦因而加多。⑭

秀吉始終都在信長麾下工作。隆慶二年（永祿十一年，一五六八）以後擔任將校而嶄露頭角。翌年，擢升為京都守護，負責管理首都地方。〈日本傳〉雖言他「遂為攝津鎮守大將——攝津守護」，但攝津「國」在現今神戶一帶，故其所記內容亦有違事實。據說秀吉年輕時仰慕柴田勝家、羽柴長秀兩位武將，乃各取其姓之一為己姓而稱羽柴秀吉，此係發生於隆慶末至萬曆初年之間的事。⑮

隆慶四年（元龜元年，一五七〇），秀吉已成為信長的得力部將之一，前往越前（福井縣）討伐淺野長政（一五四四～一六一一）與朝倉義景（一五三三～一五七三）。三年後三十八歲時，則因戰功而獲賜祿額十八萬石的封邑。在此一時期信長已平定近畿，且廢室町幕府（一三三六～一五七三）第十五任將軍足利義昭（一五三七～一五九七），將其逐出京都，使居若江。越明年，與武田勝賴（一五四六～一五八二）戰於長篠（埼玉縣）而大捷。又使瀧川一益（一五二五～一五八六）討伐北條氏，柴田勝家（一五二二～一五八三）攻上杉氏。⑯當時，毛利氏割據山陽、山陰十餘州，而浮田直家又在備前（岡山縣）、美作（岡山縣）與之互通聲勢，故其勢甚熾。信長乃決定西征，並以秀吉為前鋒。

萬曆五年（天正五年，一五七七），秀吉率兵前往中國地方（山陽、山陰），費五年時間經略播磨(兵庫縣)、備前、美作、但馬(兵庫縣)、因幡(鳥取縣)五「國」。十年，攻入備中(岡山縣)，肉薄高松城（香川縣）。當秀吉所率大軍進逼之際，毛利氏雖曾遣使謀和，但不爲秀吉所接受。⑰就在秀吉率軍繼續進攻毛利氏之時，信長竟於同年六月二日，在京都本能寺爲其部將明智光秀所襲擊而自盡——本能寺之變。⑱秀吉獲此噩耗後嚴予保密，並同意毛利氏所提謀和之要求。⑲秀吉得信長死訊的時間在六月三日，四日與毛利氏締結了和約。五日，使其麾下動身討伐明智光秀。⑳故其處事明快而富於應變能力。光秀叛變後雖前往安土城（滋賀縣），致力經營近畿地方，奈因秀吉大軍東上，乃悟大勢已去，遂聽其部下之諫言，擬逃亡勝龍寺，然後進入坂本城，卻在途中爲草寇所狙擊而死。㉑

〈日本傳〉所記載「信長爲其下明智所殺」之事雖正確，惟其所謂：「有參謀阿奇支者，得罪信長，命秀吉統兵討之」云云，則值得商榷。積穗文雄以爲：由上述征伐毛利氏之事推之，此「阿奇支」非相當於毛利氏不可。「明智」兩字，雖未嘗不可以中國字之諧音「阿奇支」(Akechi)來讀，但既言阿奇支得罪信長，命秀吉統兵討伐，而又言：「俄信長爲其下明智所殺」，則阿奇支之非明智光秀，實至爲明顯。然指毛利氏爲信長參謀，也不倫不類。又，它既是姓，則亦無法將其視爲「安藝」(Aki)兩字之假借。㉒

信長去世後的同年十月，日本朝廷將秀吉任命爲左近衛少將。當時雖距信長之死已四個月，但其繼嗣人選仍未獲解決。因此，諸將乃聚會於清州，以信長遺命立其長子信忠之子信秀，使居安土城。

但柴田勝家、瀧川一益、佐々成政等人，卻利用信長之第三子信孝與其兄信雄（信長次子）爭權，乃共謀反抗秀吉，欲與之並立。在此情勢之下，秀吉首先進兵美濃（岐阜縣），逼近岐阜。信孝佯求謀和，秀吉乃取其人質撤兵。㉓

萬曆十一年（天正十一年，一五八三）正月，秀吉部署七萬兵員，分成三隊，由三路入伊勢（三重縣）攻打瀧川一益。勝家得此消息後，使佐久間盛政布陣於柳瀨。信孝亦舉兵響應一益、勝家。在此情勢下，秀吉分別使蒲生氏鄉出戰一益，堀尾吉靖抗拒信孝，並親率諸軍前往柳瀨，於濺岳（岐阜縣）擊敗北軍，生擒佐久間盛政，並長驅逼進北莊。結果，勝家自盡，柴田家滅亡。㉔而信孝亦自殺，佐佐成政、瀧川一益投降，北陸地方大致平定。㉕五月，秀吉被敘從五位，擢爲「參議」。㉖六月二日，在大德寺（今京都市北區紫野）爲信長舉行逝世周年的法事後不久，遷到大阪去。㉗

秀吉不僅在戰場上無往不利，在朝廷方面，其勢力也頗受重視而一再晉陞其官位，故他當時的威勢已壓倒天下。此一事實使信長次子信雄頗爲不滿，故與一向有奪取天下之野心的德川家康（一五四二～一六一六）聯手反抗秀吉。萬曆十二年（天正十二年，一五八四）三月，秀吉入犬山城（愛知縣），家康則以小牙山爲其據點。四月，在長久手（愛知縣）發生激戰，秀吉的驍將池田信輝、森長可等陣亡，西軍敗北。此後形成兩軍對峙局面。其間，秀吉向信雄謀和。十一月，與信雄會於矢田河原，單獨和談成立。秀吉更與家康談和，家康乃以其次子義丸（秀康）爲人質，㉘小牧山之役於是結束。但當秀吉向東進軍之際，土佐「國」守長曾我部元親（一五三八～一五九九）曾經略四國，竊窺大阪。因此，秀吉便遣軍使元親降伏，並割其三個封「國」，自此南海方面亦被平定。㉙萬曆十二年（天正十二年，一五八四）十一月，秀吉晉陞從三位，被朝廷任命爲大納言。㉚明年三月，晉陞正二位，擔任內大臣。㉛七月，任關白。又明年十二月，爲太政大臣而位極人臣。由正親町天皇（一五六〇～一五八六在位）賜新姓，改稱豐臣秀吉。㉜故前舉〈日本傳〉所謂：「廢信長三子，僭稱關白」云云，與事實不符。又秀吉之爲關白，係萬曆十三年而非十四年，亦可由上舉事實得而知之。

《明史》〈日本傳〉在上舉文字之後又說：

乃改國王所居山城爲大閣，廣築城郭、宮殿。其樓閣有九重者，實婦女、珍寶其中。

很明顯的，它將地名「山城」誤以爲是「城堡」。日本當時的首都雖在山城「國」，但其皇城係建築在愛宕郡、葛城郡之地而非在山上築城。又，它也將「大閤」、「大閣」混爲一談。「大閤」通常寫作「太閤」。在平安時代，尊稱攝政、太政大臣爲太閤，後來則指辭去關白之職後，仍受命綜覽奏疏者，或將此一職位讓予子嗣者而言。秀吉則將關白之職讓予養子秀次後喜歡自稱太閤，故有「豐太閤」之稱呼。可見「太閤」係官職而非大宮殿，〈日本傳〉的作者將它們混爲一談。由於將官職誤以爲是宮殿，所以方纔認爲它有如阿房宮之構築城郭，建宮殿，其樓有九重。此或因大阪城的天守閣有九重，此事傳至中土而誤爲如此之記載。該〈日本傳〉更說：

其用法嚴，軍行有進無退，違者雖子壻必誅，以故所向無敵。

在此雖言秀吉「用法嚴，軍行有進無退，所向無敵」，然就如前文所說，長久手之役時，因損兵折將而先後與織田信雄、德川家康謀和的事實觀之，此乃溢美之辭而有違事實。至於「雖子壻必誅」，雖有此事實，但係指其個性殘酷而非執法公正無私。即：秀吉原有一子名鶴松，因幼觴，乃以其姊日秀與三好吉房所生秀次爲養子，並將關白、太政大臣之職，及別墅聚樂第㉝讓與秀次（一五九一）而自稱太閤。然在兩年後，其妾淀君生下次子捨（秀賴），遂後悔將其地位和家產讓與秀次的時間過早，而對秀次的態度丕變。加以他毫無意義的侵略野心與殘酷心理，終致於萬曆二十三年（文祿四年，一五九五）七月，將秀次放逐高野山（和歌山縣）使其出家，然後在一日之內遣使三次逼其自盡。秀次切腹後，更將秀次之妻、妾、幼子等三十餘人，也拖出至加茂川（京都）沙洲，在安放著秀次首級的面前，將他們全部斬首。㉞故秀次之死並非肇因於違反軍律，乃秀吉偏愛幼子的有違倫常的心態使然。

有關秀吉的傳聞與記述雖多，穿鑿附會者亦復不少。他在日本史上固有其不可磨滅的地位而被其國民目爲英雄，然其殘忍的個性與夫前後兩次發動大兵侵略朝鮮，及遣使持書分赴臥亞、呂宋、琉球、臺灣，脅迫他們朝貢日本的行徑，卻使人無法抹去他既是個六親不認的殘酷者，也是好戰的侵略者之惡劣印象。

三、豐臣秀吉的對外侵略

豐臣秀吉之究竟從何時開始萌生對外侵略的念頭，雖難於查考，但他之明白表示欲使鄰邦服屬，則在萬曆十六年（天正十六年，一五八八）八月，九州南端的薩摩藩主島津義久（一五三三～一六一一）前往京都謁見他之際。當時秀吉曾面告義久有使琉球服屬之意。

且說琉球與薩摩從明嘉靖（一五二二～一五六六）末年開始彼此之間的關係已相當密切。琉球自十四世紀七十年代開始即與明朝有主從關係，而且雙方的來往頻繁，卻又親近日本，其所以造成這種局面，可能由於倭寇猖獗，影響了臺灣海峽的航行。例如琉球中山國世子尚元繼中山王尚清之後，於嘉靖三十五年（弘治二年，一五五六）就王位。翌年，援例遣使朝貢，並請冊封。然因倭寇肆虐，明世宗的冊封使郭汝霖、李際春於六年後方纔冊封尚元為中山王。㉟尚元去世後，其子尚永於萬曆元年（天正元年，一五七三）繼位。此後，日、琉兩國之間時有往來。

萬曆十年六月，秀吉即有意使琉球服屬於他，亦即在本能寺之變後，與毛利輝元簽完和約，折返姬路城，擬討伐明智光秀之際。武將龜井茲矩除表示要協助討伐光秀外，同時要求秀吉將琉球分封給他。秀吉不僅同意其請求，之後竟稱茲矩為「琉球守」（官名）。當時琉球既未入日本版圖，也非日本屬邦，而秀吉居然將此異邦給予手下的武將，這種狂妄作為，古今中外，實屬罕見。

秀吉之同意龜井茲矩的請求，將琉球分封給他，即表示他有併吞琉球之意。而他之透露其有使琉球服屬之意，是在十六年八月，於京都接見島津義久之際。當時，秀吉非但向義久表明其有使琉球服屬之意，而且促其斡旋使琉球朝貢日本。因此，義久乃於同月親自修書致尚永。其原文如次：

> 方今（日本）天下一統，海內向風，而琉球獨不供職。關白方命水軍，將屠汝國。及今之時，宜遣使謝罪，輸貢修職，則國永寧，茲特告示。㊱

由此可知，義久不僅傳達了秀吉旨意，更言如不聽從秀吉的話，就要遣軍征討。所以應「遣使謝罪，輸貢修職」方能維護國家之安寧。琉球既未冒犯日本，也未有過不利於日本的行動，卻要它遣使謝罪。這種向鄰近的弱小國家擺出高姿態加以威嚇的態度，既屬蠻橫的行爲，也是明治政府成立以後，一直對亞洲鄰邦所慣用的伎倆而爲文明國家所不齒。

萬曆十七年一月，細川幽齋（一五三四～一六一〇）、石田三成（一五六〇～一六〇〇）等秀吉麾下的武將修書與義久，命他如果琉球不聽從秀吉旨意而拖延遣使赴日，就要出兵征討。㊲琉球在此淫威之下，不得不於十八年八月遣使赴日，在島津氏陪伴下，至京都謁見秀吉，及送禮物若干以示和好，以求自己國家之安寧。

如據《琉球薩摩往來文書集》的記載，秀吉除命其部將促使琉球入貢外，他本人也曾經修書給尚寧，言在近年內要出兵討伐明朝，屆時琉球亦應遣兵助征。該書曰：

> 我自卑賤膺運興，以威武定日本。六十餘州既入掌中，至遠近無不共朝賀。然爾琉球國自擁彈丸之地，恃險遠，未聘貢。故今時告爾：我將明春先伐朝鮮，爾宜率兵來會。若不用命時，先屠乃國，玉石俱焚之。㊳

這時島津氏致尚寧的尺牘則謂：秀吉已使小田原（神奈川縣）的北條氏降伏，其威武冠於日本全國，而各地諸侯無不獻方物以賀其奏捷。因此，身為琉球王的你，也應早日獻方物與樂工，同申賀忱。㊴但尙寧在萬曆十九年給島津氏的國書卻謂：琉球是個貧困的國家，只能致賀詞及獻樂工，聊表秀吉統一日本全國之賀忱，沒有貢方物的能力，而予以回絕。然日方並不因此死心，所以島津氏復於同年再修書致尙寧，要他在二十年二月以前，爲秀吉征討朝鮮提供七千五百名兵員所需十個月份的糧食，並將其先送至九州南端的坊津（鹿兒島縣），然後再設法運至朝鮮半島，惟琉球不習軍事，而王所居之處又在遙遠的絕域，所以無須前往秀吉擬設於肥前名護屋（佐賀縣）的大本營會合，只要提供米穀與金銀即可。也就是說，琉球距日本遙遠，且在軍事方面沒有經驗，所以不必派軍助征，只要提供軍糧與軍費即可。雖然如此，尙寧與其群臣商議後不僅予以回絕，㊵而且暗中派遣使臣，持秀吉尺牘報告福建巡撫趙參魯。琉球使節之所以向福建巡撫報告此一消息，應與福建爲該國入貢之登陸地點有關。至於趙參魯接獲此一消息後採取怎樣的因應措施問題，容於後文論述。

秀吉修書要求琉球派兵協助其侵略朝鮮之同一時期，亦即在萬曆十九年（天正十九年，一五九一）九月，又將原田孫七郎（Gaspard Faranda）遣往呂宋。當時的呂宋爲西班牙所統治，秀吉派遣孫七郎前往呂宋的目的，就是攜帶他的尺牘至馬尼拉，促使該地的政府首長——西班牙人哥美斯・貝列士・達士・馬利尼亞士（Gomez Perez das Marinas）朝貢日本。孫七郎乃貿易商原田喜右衛門的中級職員，不時往返於日本和呂宋之間，對呂宋的情勢頗爲熟稔。如據《朝鮮征伐記》的記載，秀吉〈致呂宋書〉的全文如下：

夫吾國百有餘年，群國爭雄，車書不同軌文。予也際誕生之時，以有可治天下之奇瑞。自壯歲領國家，不歷十年而不遺彈丸黑子之地，域中悉統一也。繇之三韓、琉球，遠邦異域，款塞來享。今也欲征大明國，蓋非吾所爲，天所授也。如其國者未通聘禮，故先雖欲使群卒討其地，原田孫七郎以商船之便，時來往此。故紹介近臣曰：「某早早到其國，而備可說本朝發船之趣，然則可解辨獻筐」云云。不出帷幄，而決勝千里者，古人至言也。故聽褐夫言而暫不命將士，來春可營九州肥前，不移時日，可偃降幡而來服，若匍匐膝行於遲延者，速可加征伐者必矣！必悔，不宣。

天正十九年季秋十五日

日本國　關白　小琉球

由此觀之，秀吉是將自己之誕生神秘化、神話化，言其誕生有異象，故與一般人士不同。如今不僅已統一日本全國，且有征服明朝之意。因此特命孫七郎利用前往呂宋的機會，持書往諭而暫不遣兵討伐。希望貴國能夠早日服屬，朝貢日本，否則就要很快的派兵征討。此一信函雖充滿恐嚇味道，但當時在呂宋的西班牙人之是否能夠看懂日本氣味濃厚的華文，實不無疑問。在此情形之下，呂宋當局所爲復函的內容也就相當曖昧。因此，秀吉乃於翌年，以原田喜右衛門爲使，再度致書呂宋之首長，但這次也未能使呂宋當局遣使朝貢日本。故秀吉之企圖又成泡影。

秀吉除遣人促使琉球、呂宋朝貢外，也曾威嚇佛郎機遣使入貢，否則將遣軍討伐。前此萬曆十年

（天正十年，一五八二），亦即發生本能寺之變那一年，九州的大友、大村、有馬等三位大名，他們爲信仰天主教問題，派遣伊東祐益等四名年僅十四、五歲的少年前往羅馬，㊶謁見了教皇格里高里奧二世(Gregorius II)，一行完成使命，返抵日本的時間爲八年後的萬曆十八年（天正十八年，一五九〇）六月，至其至京都聚樂第謁見秀吉，則爲十九年。㊷一行於其回國途次，順道前往葡萄牙在東方的根據地臥亞(Goa)，時在萬曆十五年。在此一時期，臥亞總督曾修書與秀吉，稱讚其雄圖大略，並謝其准許傳教。又託他日後在傳教方面給予保護，而決定遣使赴日。㊸因適逢伊東一行到達，乃以傳教士范禮安爲使，使之與伊東偕行，於十八年夏季某日抵日。范禮安雖以上述目的前往日本，但秀吉早在三年前已發布禁教令，所以非僅無法完成使命，反而非請他放寬禁令及保護其傳教士不可。

秀吉從范禮安手中接獲臥亞總督的尺牘後，即給他復函，言他已平定日本全國，有征服大明國的企圖。因此，即將泛樓船至中華，而可順路抵臥亞。他之所以如此說，是在威嚇臥亞總督，要他朝貢日本，否則將予討伐。對於傳教問題，則說日本是神國，神道㊹爲萬物之本，印度的佛法和中國的儒家思想亦復如此。神、儒、佛三道，其源相同，知神道則知儒道、佛法。凡人處世，以仁爲本，從而五倫之道立。但你們的天主教教理不知仁義之道，所以非僅不敬神佛，而且無君臣之別。只想用邪法來破除正法。因此，不准伴天連(bateren，傳教士)赴日傳教，使日本的男女陷入魔道。今後一切傳教活動都要禁止，凡干犯禁令的，都要處以應得之罪。不許伴天連再來。你們如想來日，則海上已無盜賊，日本國內可以安全通行，宜來此貿易。㊺

由此一復函可知，秀吉不僅明白告訴臥亞總督：日本已經禁教而日後不許有傳教士赴日傳教，而且竟要他朝貢日本，否則予以征討。此實足以瞭解秀吉具有充滿侵略外國的野心，而此野心為日後的日本軍國主義者所繼承，欲將日本之富強康樂築在鄰近弱小國家身上。

秀吉為達成侵略海外之目的，竟強要琉球分擔其軍費而為琉球所拒，對素無往來的呂宋、臥亞等地，則要它們朝貢日本。這種氣指頤使鄰邦，視鄰邦如其國內諸侯的態度，既是他獨裁的，侵略的表現，也是藐視他國權益的行為。其作為與明治政府以後，至大正、昭和前半的日本帝國主義者之行徑並無二致，至今猶為許多亞洲國家與地區之人民所痛恨。

四、豐臣秀吉的侵臺企圖

豐臣秀吉不僅要求琉球獻軍糧、軍費以協助其完成對外侵略的目的，及威嚇呂宋、臥亞朝貢日本，也還致書高山國——臺灣，要高山國向他俯首稱臣，亦即要它向其遣使納貢。秀吉何以稱十六世紀末的臺灣為高山國，此事雖猶待考證，但其視鄰邦與鄰近地區如其國內諸侯或人民的心態，亦屬可議。

且說日本人在其室町時代（一三三六～一五七三）初期，亦即在其所謂南北朝時代（一三三六～一三九二）國內板蕩之際，西陲各地有不少包含武士在內的人士，因受戰亂影響，生活困苦而前往朝鮮半島劫掠，除搶奪金銀財寶、糧食、漕船外，也還劫擄男婦，將他們帶回本國充當奴隸，或藉此向其家屬勒索鉅額贖金，有時則公然將他們送還，以換取財物而成爲變相的貿易品。就其換取財物言之，例如：

遣使賫璽書褒諭日本國王源道義。先是，對馬、壹枝(岐)等島海寇，劫掠居民。勅道義捕之。道義出師，獲渠魁以獻，盡殲其黨類。上（成祖）嘉其勤誠，故有是命。仍賜道義白金千兩，織金及諸色彩幣二百匹，綺繡衣六十件，銀茶壺三，銀盆四，及綺繡紗帳、衾褥、枕席、器皿諸物，并海舟二艘。㊻

當時明成祖曾經誇奬足利義滿（道義爲其法號）曰：

……若對馬，壹岐等遠島，海寇出沒，劫掠海濱。朕命王除之，王即出師殲其黨類，破其舟檝，擒其渠魁，悉送京師。王之尊敬朕命，雖身在海外，而心實在朝廷，海東之國，從古賢達，未如王者。朕心喜慰，深用褒嘉。自今海上居民無劫掠之虞者，王之功也。如此，豈不可以上合天心，與朕皇考之心乎！王之令名，自茲永著，光昭青史，傳於不磨，豈惟王一身有無窮之譽，雖王之子孫，世濟其美，亦永有無窮之譽矣。㊼

此後，足利義滿依舊遵奉成祖旨意，緝捕海寇，遣人繫送至北京，從而獲得明廷之優渥賞賜。此事散見於日本禪僧瑞溪周鳳所輯錄《善鄰國寶記》，及《明太宗實錄》，我們亦可從《高麗史》、《高麗史節要》等韓國史乘發現類似記載。

當那些日本寇盜開始肆虐海上之際，中國人之干犯明朝海禁，來往於日本九州，與日本人同至臺灣，並以此爲根據地，成爲半商半寇之所謂倭寇，出沒於中國東南沿海者不少。㊽當時日本的造船技術較中國落後，所造船隻爲平底船，難於乘風破浪。非僅如此，其航海技術也較中國落後，故即使往來於東南亞一帶從事貿易的「八幡船」，其駕駛、操作也多委諸中國人之手。而那些航行海外的商人則專事商品交易。那些日本商賈不僅成爲該國向海外發展的前驅，有關臺灣的情形，也因此傳至其本國。㊾而豐臣秀吉之修書致高山國——臺灣，即在其發動大軍入侵朝鮮之翌年，亦即在其派遣原田孫七郎前往呂宋，威嚇它遣使朝貢日本之翌年——萬曆二十一年（文祿二年，一五九二）。相傳當時奉秀吉之命，攜其〈致高山國書〉到臺灣的，就是前舉日商原田喜右衛門。惟當時的明朝當局並未派遣綜理此一島嶼的官員，僅有少數大陸移民居住西部，及原住民散居各地，所以此一尺牘似乎未能順利交與臺灣。此事可由其原件之至今仍爲前田氏所典藏之事實獲得佐證。就當時臺灣的情況而言，即使順利的交與臺灣，也不可能發生甚麼作用。

臺灣島緊鄰福建，其北端經琉球群島可抵日本，南端則隔巴士海峽，與菲律賓群島遙遙相對。臺灣雖隔著狹長的臺灣海峽，與大陸東南沿海地區爲鄰，有不少船隻往來於此一海峽，但它之受世人矚目，可說始於十六世紀初歐洲人東來之後。前此臺灣之所以長久處於東亞國際交通的範圍之外，可能與當時漢人之移居者少，而其居民之絕大多數爲未開化之原住民有關。惟自佛郎機人於明武宗正德六年（永正八年，一五一一）佔據麻六甲（Malacca），作爲入侵東方的據點以後，旋至廣東澳門，以之爲對華貿易之根據地，更以浙江雙嶼作爲與中、日兩國走私商人交易之主要場所。迄至世宗嘉靖二十二年（天文十二年，一五四三），其航行中國的船隻因受颶風影響，漂流至九州南端的種子島（鹿兒島縣）。自此以後，佛郎機人非但不斷前往日本交易，也到該國傳教。他們在往返於麻六甲與日本之間而經過臺灣海峽時，都會看到臺灣島而呼之曰「Ilha Formosa」，並把它畫在他們的地圖與航海圖上。㊿而嘉靖末年完成的鄭舜功之《日本一鑑》，也有關於臺灣之記載。(51)可見臺灣島的存在在當時已開始爲中外人士所重視。復由於當時東南沿海地區的走私活動猖獗，林鳳等人且曾於明穆宗隆慶（一五六七～一五七二）、神宗萬曆（一五七三～一六一九）初年，以澎湖爲其活動據點，但受到提督殷正茂之征剿。(52)在上述情形之下，秀吉之聞知在琉球與呂宋之間有臺灣，實不足爲怪。

秀吉在其〈致高山國書〉中首言：

> 夫日輪所照臨，至海岳、山川、草木、禽蟲，悉莫不受此恩光也。予際欲處慈母胞胎之時有瑞夢，其夜已日光滿室。室中如晝，諸人不勝驚懼。

此言天地萬物，無不接受陽光之滋潤，而他本人則托胎於日輪，故其母懷孕時，曾夢見祥瑞徵兆。當夜滿室陽光，將室中照得如同白晝，而此一現象令周圍之人十分驚懼。秀吉這種說法不外乎將自己神格化，表示自己與常人不同。此乃懷有不良企圖的野心家所常用之伎倆，類似的例子屢見不鮮。就以近日發生在臺灣宗教界的幾個重大事件而言，他們都以自己異乎常人作幌子，以遂其詐財目的，故與秀吉此言有異曲同工之妙。秀吉以自己爲太陽之子，欲藉此以言自己之君臨天下，治四海之民是上天所賦予的，是理所當然的。因此，亞洲的近鄰國家都非服屬於日本，服屬於他不可。這種說法是多麼的狂妄，多麼的自大。他在上舉文字之後接著說：

相士相聚占筮之曰：「及壯年，輝德色於四海，發威光於萬方之奇異也。故不出十年之中而誅不義，立有功，平定海內。異邦遐陬，嚮風者忽出鄉國，遠泛滄海，冠蓋相望，結轍於道，爭先而服從矣。」

這段文字也表示他的誕生異乎常人，故乃藉相士之言，以敍述他前此在文治武功方面的成就。而他的那些成就，是相士們在自己誕生之際就預言的。職此之故，這是上天所賜予，是天生註定的。前文已說，秀吉之獲信長重用，擔任將校，係在隆慶二年（永祿十一年，一五六八）以後，亦即在他三十三歲以後。於是他有更多機會發揮自己的才能，從而嶄露頭角。翌年被擢爲京都守護，負責管理首都地方。然後輔佐信長南征北討，建立不少汗馬功勞，成爲信長的得力部將之一。秀吉出身卑微而在短時間內居然有此成就，在日本衆多武士中實屬罕見。所以他雖藉相士們占筮的結果來說他「及壯年，輝德色於四海，發威光於萬方之奇異也」，固有値得他自誇之事實在，惟他所說：「故不出十年之中而誅不義，立有功，平定海內」，則似與事實不符。因爲他在十六世紀七十年代所平定之主要武將爲淺野長政、朝倉義景、武田勝賴、北條氏、上杉氏，以及播磨、備前、美作、但馬、因幡等現今中國地方一帶。在弱肉強食的戰國時代言之，並無義與不義。在此情形之下，其所謂「誅不義」，應是指討伐明智光秀而言。然光秀之因弒信長而受諸將之誅伐，係在萬曆十年（天正十年，一五八二），在時間上與其所言有出入。又，光秀是因受草寇襲擊而死，並非爲秀吉所誅，所以這句話有待商榷。至於下面所說，因他平定日本全國而「異邦遐陬，嚮風者忽出鄉國，遠泛滄海，冠蓋相望，結轍於道，爭先而服從」云云，如指其國內猶可，若指其鄰近國家，則根本無此事實，乃是自欺欺人之談。

秀吉又言：

朝鮮國者，自往代於本朝有牛耳盟，久背其約，況予欲征大明之日，有反謀，此故命諸將伐之。國王出奔，國城付之一炬也。聞事已急，大明出數十萬援兵，雖及戰鬥，終依不得其利，來勅使於本邦肥之前而乞降。繇之築數十個城營，收兵於朝鮮域中慶尚道，而屢決眞僞也。

其所謂往日朝鮮與日本訂有盟約，當是指日、朝兩國爲其雙方貿易，於十五世紀所訂所謂「歲遣船定約」，及朝鮮在十六世紀對日修改之同一條約而言。㊸但朝鮮並未有違約之舉，故秀吉的此一指控並不實在。在當時，秀吉亟欲恢復自嘉靖二十八年（天文十八年，一五四九）以後中斷的，對明朝之朝貢貿易，乃要求朝鮮斡旋而見拒，遂改變方針，要遣軍入侵中國，亦即欲「假道入明」而復爲朝鮮所拒，遂於萬曆二十年（文祿元年，一五九二）四月十三日，兵分八道入侵朝鮮。然當時朝鮮「昇平二百年，民不識兵，望風瓦解，無敢攖其鋒」。㊹結果，侵略軍在五月二日便渡漢江，亦即自侵略軍登陸僅十九日，王京竟輕易落入敵人之手。其間，朝鮮王李昖（宣祖）於四月二十二日離開京城。二十八日，以其次子光海君琿爲世子。六月十三日，與其大臣會議於寧邊，決定由王世子設分朝，他本人則入遼東內附請援。㊻然因有大臣言尙有未被日軍佔領之地，時機尙早，所以乃聽從其建議，暫留義州。又獲知明廷允其入遼，及決定使其居住義州對岸的寬奠堡，於是決定不走。㊼當時，明朝當局曾應朝鮮請求，派經略宋應昌，及提督薊遼保定山東等處防海禦倭總兵官李如松，率領大軍馳援。在明、日兩軍作戰期間，雙方互有勝負。據中、日、韓三國史料顯示，除朝鮮外，中、日雙方在經過一段時間後，都有意談和。所以明朝之以沈惟敬為代表，與日方將領小西行長折衝，絕非明軍敗北所致。至秀吉所提「和談七條件」，均未為中朝所接受，僅冊封秀吉為日本國王，及授予德川家康以下各武將以官職、官服而已。因此，秀吉在此所言者，不足採信。有關秀吉自計畫入侵朝鮮起，至其因病歿而撤兵的經緯，則請參看拙著《明代中日關係研究》，第五章，〈明朝與豐臣秀吉的關係〉。

秀吉在此書的文末言：

如南蠻琉球者，年年獻土宜，海陸通舟車，而仰我（日本）德光。其國未入幕中，不庭之罪彌天。雖然不知四方成享，則非其地疎

豐臣秀吉致高山國書（東京　前田育德會尊經閣文庫收藏）

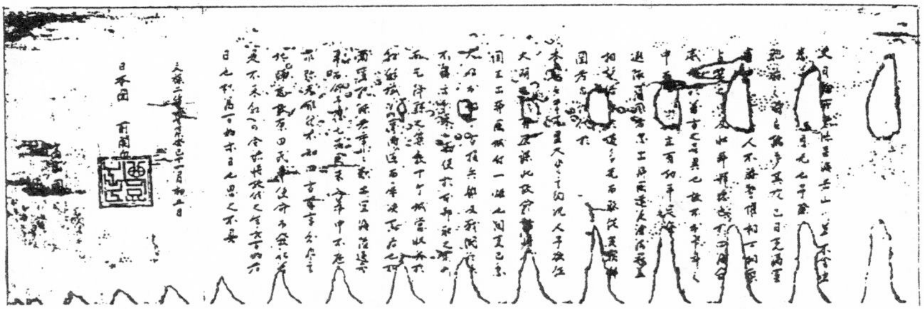

說明：

此書之書寫日期為日本文錄二年（明神宗萬曆二十一年，一五九三）十一月五日，內容與給呂宋者大致相同，言如不入貢，則要征討。此固為原本，但它何以仍保存於東瀛，則不可得而知之。原田喜右衛門之未能實現其來臺目的，雖昭然若揭，但箭內健次以為此似與獨夫豐臣秀吉當時心境之微妙變化有關。

豐臣秀吉致『高山國書』釋文

（省去前十行）

本朝有牛耳盟，久背其約，況又予欲征大明之日有反謀，此故命諸將伐之，國王出奔，國城付一炬也。聞事已急，大明出數十萬援兵，雖及戰鬪，終依不得其利，來　勅使於本邦肥之前州而乞降。繇之築數十ケ城營，收兵於朝鮮城中慶尚道，而屢決眞僞也。如南蠻、琉球者，年々獻土宜，海陸通舟車，而仰予德光。其國未入幕中，不庭罪彌天，雖然不知四方成享，則非其地疎志。故原田氏奉使命而發船，若是不來朝，可令諸將攻伐之。生長萬物者日也。枯渇萬物亦日也。思之。不具。

文祿二歲星集癸巳十一月初五日

日本國　前關白印

高山國

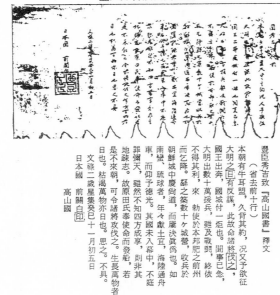

志，故原田氏奉使命而發船。若是不來朝，可令諸將征伐之。生長萬物者日也，枯渴萬物亦日也。思之，不具。

所署日期爲「文祿歲集癸巳十一月初五日」。文祿癸巳爲文祿二年，亦即明萬曆二十一年(一五九三)。琉球與日本來往，始自室町時代(一三三六～一五七三)，但並無俯首稱臣之事實。這段文字雖尚可採信，秀吉竟據此威嚇臺灣，要臺灣朝貢日本，否則將以兵戎相見，並藉此強調身爲太陽之子的他，既能滋潤萬物，也可毀滅萬物。亦即以強硬的語氣說他自己既可使臺灣得以平安無事，也可毀滅臺灣，所以必須愼重考慮這一點，以免自陷於萬劫不復的深淵。惟就如前文所說，此書並未能順利交與臺灣居民，當然未引起任何反應。

五、明朝當局的因應措施

如據辻善之助、岩生成一等人的研究，秀吉在進行規畫征討呂宋之際，同時也計畫侵臺，其向秀吉獻此計者，則爲其親信長谷川宗仁法眼(Hanguen, Privdo de Taico Sama)。秀吉欲遣軍侵臺的消息，早在萬曆二十年六月，第二次遣使，亦即派遣原田喜右衛門前往呂宋，促其朝貢日本之際便已漏洩，傳到當時僑居九州的華人基督徒之耳裏。㊽

早在秀吉擬侵臺的企圖漏洩之前，其欲侵犯中國大陸的消息已爲在日華人所獲知，而將此一重要消息哨報本國。當時哨報倭情的，如據侯繼高《全浙兵制考》，卷二，附錄〈近報倭警〉，或伴信友《中外經緯傳》，卷四的記載，則是居住於九州薩摩（鹿兒島縣）的許儀俊（一作儀後）、郭國安、朱均旺等人。他們報告秀吉欲入寇之理由云：

關白呑併列國，惟關東未下。去年（萬曆十八年，一五九〇）六月初八日，集諸侯於殿前，命將率兵十萬征東。曰：「重圍其城，四面匝築小城以守，吾即欲渡海侵唐」。遂命肥前守造船。越十日，琉球遣僧入貢，賜金四百兩。囑之曰：「吾欲遠征大唐，以汝琉球爲導」。既而召曩時汪五峰之黨而問之。答曰：「大唐執五峰時，軍三百餘人，自南京地刧掠，橫行下福建。過一年，全甲而歸，唐畏日本如虎，欲大唐，如反掌也」。關白曰：「以吾之智，行吾之兵，如大水崩沙，利刀破竹，何城不破？吾帝大唐矣。但恐水兵如密，不能勾取唐地耳」。五月，高麗國貢，驅入京，亦以囑琉球之言囑之，賜金四百兩。高麗之貢倭，自去年始也。七月，廣東蠔境澳佛郎機人，進我大明國之地圖一幅，……俊下薩摩時，道遇之，不知如何囑付。俊等疑其發此渡唐之大言，欲以壯士志，以驚東心耳。抑亦欲使列國遠出，彼將襲其後，而滅國爲郡，是未可知也。八月征關東後並不聞此言，然今聞之，入寇之事眞矣。今秋七月一日，高麗國遣使入貢爲質，催關白速行。

文中所言高麗——朝鮮遣使朝貢日本，且促秀吉早日發兵遠征中國之事雖與事實不符，但秀吉之欲侵華，則不容否認。

上舉哨報乃許儀俊使江西臨川縣民朱均旺報告福建軍門者。均旺原從海澄前往交趾買賣，於赴廣南採購物貨途次，爲倭人所擄而被帶至日本，被當時在薩摩行醫的儀俊所救。儀俊雖有意將此消息帶回本國，只因有妻小而無法脫身，所以纔將此重大任務委託均旺。

當時哨報倭情的，除儀俊、均旺外，尙有福建同安商人陳申（一作甲），琉球長史鄭迥等。福建巡撫趙參魯得此消息後即向北京報告，而明廷之接獲此一情報，係在十九年七月。大學士許國等人題：

昨得浙江、福建撫臣共報，日本倭奴招誘琉球入犯。蓋緣頃年達虜猖獗于北，番戎蠢動于西，緬夷侵擾于南，未經大創，以致島寇生心。……上諭六部、都察院曰：「……內治不舉，外患漸生；四夷交侵。職此之故，今後但有干名犯分，抵冒誣衊，肆無忌憚者，憲典昭然，定不輕貸。仍行與南直隸、浙江、福建、滇、廣鎭守督撫等衙門，預講調度、兵食之計，申嚴備禦海汎之方。欽哉！故諭」。[59]

亦即當神宗接獲許國等人所題報日本即將招誘琉球入侵的消息後，便諭令六部及都察院諸臣，要預先圖謀調度部隊與糧秣的計策，並加強沿海地方的防備工作。迄至八月一日，科臣王德完題報雲南夷情，及琉球使節鄭迥等所報倭情而獻六策曰：

近雲南所報，夷賊乘機蠢動。又接福建所報，貢夷附報倭釁，……若倭則與虜共稱桀黠，而隄防宜得要領者。一、議兵。必廣募善遊（游），以禦之海；精練土著，以禦之陸。二、議船。造福清之大艦，以資衝突，僦倉沙之快舸，以便哨望。三、議食（一作哨）。前倭患稱息，户部歲取福建濟邊銀約有四萬，今宜存留本省。四、議將。往年大將俞（大猷）、劉（燾）、戚（繼光），皆稱智謀勇略。今閩、粵總兵劉大勳、侯繼高皆驕縱不簡，謀勇無聞。宜會薦將材，就近速補。五、議禁。倭奴煽禍，皆私販爲外援，惡少爲內應。宜令：通倭者必誅，舉首者重賞。六、議法。宜隊伍森嚴，賞罰不爽。精器械以制撻伐，革陋規以化驕悍。⑥⓪

神宗覽奏後曰：

滇中夷寇紛擾，皆守土之責；鎭撫官共事地方，豈可自相矛盾，致誤軍機。務在同謀，力圖戡定。劉大勳革任聽用，侯繼高策勵供職。其餘各省修防事，宜都依擬行。⑥①

也就是說，神宗看了兵科給事中王德完的奏疏後，除解除不適任的福建總兵劉大勳的職務，及訓誡浙江總兵侯繼高策勵供職外，其所提建議均被採納，使之付諸實施。

趙參魯除根據琉球貢使鄭迵等人所呈明人陳申、朱均旺等所哨報之倭情呈報朝廷外，也將他自己認爲應採之因應措施加以呈報。其所上奏疏較前舉王德完所上禦倭六策晚一日，亦即在八月二日，經兵部覆議後獲得神宗之同意。曰：

福建巡撫趙參魯奏稱：「琉球貢使預報倭警，法當禦之于水，勿使登岸；姦徒勾引，法當防之于內，勿使乘間。歲解濟邊銀兩，乞爲存留。推補水寨將領，宜爲愼選。至于增戰艦，募水軍，齊式廓，添陸營，皆爲制勝之機，足爲先事之備」。部覆。從之。⑥②

參魯所提因應措施是：對外要預防敵人的入侵，對內則要杜絕中國姦民之勾引敵人，使敵人無入侵機會，姦民無隙可乘。爲因應緊急情勢，將應解送中央的濟邊銀兩存留地方，使地方不致發生軍費短缺之虞。各水寨將領的良窳，事關海防的成敗，所以在簡任時必須愼重。至於增建軍艦，添募水軍，加強海防，加強陸軍陣營的戰鬥力量等，也都與戰勝敵人有密切關聯，所以他建議中央應早爲之備。他的建議經兵部覆議後，也獲神宗首肯。

衆所周知，明廷在嘉靖（一五二一～一五六六）二十年代以後，因倭寇猖獗而積極加強海防設施，惟至後來，倭寇被逐漸平定，致海防日益鬆懈。所以當獲倭寇即將再入侵的消息時，參魯便提出上舉加強海防的建議。《明神宗實錄》所記載經其建議而加強之福建地方的防備情形是：

福建沿海船隻，水、陸主、客官兵，向以承平減設。至是，倭報洊至，撫臣趙參魯，請于五寨共添福鳥船四十隻；海壇遊增福船一隻，鳥船四隻；浯銅遊船二隻，鳥船四隻；共用船價五千九百餘兩。應增器械、火藥約用三千餘兩。北、中二路共增浙兵三營，共一千九百名有零。歲增餉二萬四千七百餘兩，其銀宜留解邊錢糧支用。部覆。從之。(63)

由上述者觀之，陳申、朱均旺、鄭迴等人所哨報之倭情是在七月二十日到達趙參魯處，參魯除向北京呈報此一重大情報外，也向中央建議應採的因應措施。而神宗之批准其所獻因應措施的時間在八月十三日。這種速度在當時的交通情況言之，可謂相當迅速，其所採措施也可謂相當具體。

且說當時將秀吉即將侵臺之消息傳回本國的，除當時旅居日本之華人西方教徒外，明朝當局遣往日本的諜報人員之功亦不可沒。許孚遠云：

臣於萬曆二十年十二月內欽奉簡命，巡撫福建地方。入境之初，據名色指揮沈秉懿、史世用先後見臣，俱稱奉兵部石〔星〕尚書密遣，前往外國探倭情。臣看得沈秉懿老而黠，不可使，隨令還報石尚書。其史世用貌頗魁梧，才亦倜儻。遂於二十一年四月內，密行泉州府同安縣，選取海商許豫船隻，令世用扮作商人，同往日本薩摩州。(64)

亦即福建巡撫許孚遠在赴任之初，即選拔名色指揮史世用，令其扮作商賈，與海商許豫偕往日本刺探倭情。所以秀吉擬入侵大陸、臺灣的企圖早爲上述寓居九州的華人與明朝諜報人員所探知，並將此重大消息傳回本國。孚遠繼上舉文字之後，報告史世用在日本的活動情形云：

今二十二年三月初一日，據許豫回報，舊年七月初四日，船收日本莊內國內浦港，距薩摩州尚遠。探得州首滕（島津）義久同許儀後（一作俊）隨關白去名護屋（佐賀縣）地方。名護屋乃關白侵高麗（朝鮮）屯兵、發船出入之所。史指揮就於內浦分別潛去名護屋尋覓儀後。又有同伴張一學等，密往關白居住城郭，觀其山川形勢，探其動靜起居。(65)

即那些諜報人員抵日後，不僅深入秀吉侵略朝鮮的大本營名護屋，也還到他所居住的城郭所在地刺探山川形勢與其動靜起居。但史世用的身分卻爲姦人所洩漏，幸虧應付得宜，方纔無事。孚遠報告箇中情形云：

（二十一年）八月十三日，關白同義久、幸侃、儀後等回家。儀後隨史指揮於八月二十七日來內浦會豫。九月初三日，豫備段（緞）疋禮物，以指揮作客商，儀後權重譯，進見幸侃。幸侃曰：「此恐非商販之人」。儀後答曰：「亦是大明一武士也」。侃將伊自穿盔甲遂豫。九月十九日，被姦人洩機。有大隅州正興寺倭僧玄龍來內浦，就豫問曰：「船主得非大明國福建州差來密探我國動靜之官耶」？豫權答曰：「是，因爾國侵伐高麗，殺害人民，我皇帝不忍，發兵救援。近聞差遊擊將軍（沈惟敬）來講和好。我福建許軍門（孚遠）聽知，欲發商船前來貿易，未審虛實，先差我一船人貨來此，原無他意」。倭僧將信將疑。[66]

史世用的身分遭日僧玄龍懷疑時，許豫雖編織理由為其解圍，但玄龍並未盡信。雖然如此，世用卻得於同年十月搭乘福建海澄縣吳左沂的鳥船先行返國。不料該船在中途遇風，不得不折返原地。十一月，薩摩酋帥島津義久與幸侃等會晤，又差倭使「黑田喚豫覆試前情。通事就倭僧玄龍與豫面寫對答，喜為足信」，「將豫原買硫黃二百餘擔准載帶回，仍奉文書一封，旗刀二事，付豫進送軍門，以圖後日貿易通利之意」。[67]

如據許孚遠〈請計處倭酋疏〉的記載，許豫等人於二十二年正月二十四日始得回國。回國時，攜帶同伴商人鄭龍、吳鸞，及先年被倭所擄溫州瑞安人張昂，倭酋義久所上文書一封，旗刀二事；幸侃所送盔甲一副，和莊內國倭酋滕一雲所送倭刀一把；根古國倭酋平重虎所贈鳥銃一對等。許豫等人回國後，即將各諜報人員所探聽、察訪所得倭情疏報朝廷。孚遠在該〈疏〉中除言秀吉發跡之梗概與其家庭近況，因派兵侵略朝鮮所造成將士之損失，而對秀吉之來歷與其殘虐行為與夫民心向背之記述，則較前舉《明史》〈日本傳〉更為詳盡、具體，更為接近事實。且言當時浙江、福建、廣東三省人民被擄至日本，生長、雜居於該國六十六州之中者十有其三。他們因住居年久，熟識倭情，多有歸國立功之志。故乃乞思籌策，令其回國。與之同時，他也根據諜報人員的報告，言薩摩州有呂宋、交趾、柬甫寨、暹羅、佛郎機等國家的船隻出沒其間，係日本的咽喉地帶。其器械則只有硝黃、烏鉛為害。硫黃產自日本，「焰硝隨處惡土煎煉亦多，惟烏鉛乃大明所出，有廣東香山澳發船往彼販賣。煉成鉛彈，各州俱盛。其番鎗、弓箭、腰刀、鳥銃、鐵牌、盔甲，誠一不缺」，而對日本所擁有軍用物資的情形作詳細報告，然後分析中、日、朝三國情勢，及言應如何處置秀吉等問題。

明廷接獲陳申、朱均旺、鄭繩等人所哨報之倭情後雖採如上述之措施，其實際布防的情形又如何？就福建方面言之，沈定均等人所編纂《漳州府志》云：

澎湖遊在漳、泉遠洋之外，南路所轄，環島三十有六，為澳之近。琉球、呂宋諸番，東倭往來，必停泊取水。……萬曆二十年，倭有侵雞籠、淡水之耗。議者謂：「澎湖密邇，不宜坐失」。乃設官兵，先據險戍之。初創一遊四哨，冬鳥船二十隻，目兵八百有奇。後以孤島寡援，增設一遊總哨。㊳

亦即因聞日本即將入侵臺灣，方纔加強如上述之防禦措施。顧亭林則云：

（萬曆二十年）壬辰歲，倭犯朝鮮，時有侵雞籠、淡水之耗。雞籠密邇澎湖，當事者集議：不宜棄。乃設官兵，先據險戍之。初刱一遊一總四哨，各烏（鳥）船二十隻，目兵八百有奇。二十六春，又慮孤島寡援，增設一遊總哨，舟師稱是。㊴

而對臺灣當時加強海防的情形作更詳細的記載。至於黃承玄所云：

閩海中絕島，以數十計。而澎湖最大，設防諸島以十餘計。而澎湖最險遠，其地內直漳、泉，外鄰東番。環山而列者三十六島，其中可容千艘，其口不得方舟。我據之可以制倭，倭據之亦得以制我，此兵法所謂必爭之地也。往年平酋（豐臣秀吉）作難，有謀犯雞籠之耗，當事者始建議戍之。鎮以二遊，列以四十艘，屯以千六百餘兵。⑩

由以上所舉三則記錄可知，當陳申、朱均旺等人所哨報秀吉即將入侵中國的消息後，除中央採取各項因應措施外，在地方上，尤其對受威脅的臺灣之海防，也確實較往日加強了許多，可見明朝當局對於國土安全的維護方面，曾經費了不少心力與物力。或許由於秀吉在朝鮮戰場上，陷於無法自拔的困境，⑪致未能遣軍侵臺，否則當時的臺灣居民很可能會受到倭人蹂躪而遭受無謂的重大災害。

六、結　語

豐臣秀吉不僅在萬曆二十年四月發動大軍，兵分八路入侵朝鮮，也還分別致書琉球、呂宋、臥亞及臺灣，要求他們或捐獻金銀、糧食助其所發動的侵略戰爭，或威脅他們服屬朝貢日本，否則遣軍征討。就其致書高山國一事言之，此一消息也曾經傳到呂宋。當時的呂宋當局認爲秀吉之所以計畫佔領琉球與臺灣，乃欲以此兩地作爲自日本進攻馬尼拉的踏腳石，⑫亦即擬佔據介於日本與呂宋之間的臺灣島作其遠征馬尼拉的艦隊之中途站。如果臺灣被日本攻陷，則對西班牙大爲不利，所以在秀吉部隊抵臺之前，應派兵佔領臺灣。(73)可見秀吉的侵臺計畫傳至呂宋後，曾經引起西班牙在當地的殖民地官員之驚懼。

那麼，中國人士對其侵臺企圖的看法如何？黃承玄云：

> 看得倭酋狡謀，非一日矣。服中山以爲役，餌吾民以爲用，市吾舟以爲資，包藏禍心，由來有漸。而薦食上國，羽翼既成，故臣自入閩受事以來，夙夜拮据，無日不討軍實而申儆之，蓋逆知豺狼之不可邇，而晏安之不可懷也。今果以協取雞籠見告矣。(74)

此言倭人向來對中國虎視眈眈，不懷好意，所以他自受命任職福建以後，無日不注意防備。如今倭人果不出所料，有意竊取臺灣。承玄又云：

> 夫倭豈眞有利于雞籠哉？其地荒落，其人鹿豕。夫寧有子女、玉帛可中倭之欲也者，而顧眈眈何之也？蓋往者倭雖深入，然主客勞逸之勢，與我不敵也。今雞籠實逼我東鄙，距汛地僅數更水程。倭若得此而益旁收東番諸山以固其巢穴，然後蹈瑕伺間，爲所欲爲。指臺礵以犯福寧，則閩之上游危；越東湧以趨五虎，則閩之門户危；薄澎湖以瞯泉、漳，則閩之右臂危。即吾幸有備無可乘也。彼且挾互市以要我，或介吾瀕海奸民以耳目我，彼爲主而我爲客，彼反逸而我反勞。彼進可以攻，退可以守，而我無處非受敵之地，無日非防汛之時。此豈惟八閩患之，兩浙之間恐未得安枕而臥也。(75)

而從戰略上來論秀吉所以企圖侵臺的目的，其說值得傾聽。其實，秀吉的此一企圖，也被在那以後的日本帝國主義者所繼承。在中日甲午之戰結束後的和平談判桌上，日方之要求割讓臺澎地區，應可說是秀吉之企圖的延伸，也可認為是秀吉以後數百年來的日本帝國主義者之心願。

【註　釋】

①：應仁之亂，室町時代末期，以京都為中心而發生的大亂。室町幕府對諸侯——守護大名原無強大的統禦力量，尤其在中期以後，常為強勢的守護大名之叛亂所苦。加之，秕政、腐敗，及農民叛亂，要求減免稅賦等事件不斷發生，致幕府之支配力量急速下降。另一方面，各守護大名內部的繼承問題也日益嚴重。當此之時，適逢將軍家與管領（職稱）畠山、斯波兩家之繼承人選問題，竟與細川（東軍）、山名（西軍）兩大守護大名的互爭雄長問題糾結在一起，終於一四六七年（明憲宗成化三年，應仁元年）發展成為二分天下的大亂。此一戰亂自京都擴大到地方，至一四七七年（成化十三年，文明九年）方纔結束。在長達十一年的內亂之後，京都變為廢墟，幕府權威掃地，而加速其莊園制度的崩潰。在此情形之下，地方武士的勢力增強，從而發展成為「大名領國制」。又，在此一戰亂中，因有不少公卿貴族逃離京都，結果成為地方文化發展的因素之一。

②：織田信長（一五三四～一五八二），日本戰國時代大名。幼名吉法師，十三歲時改稱信長。其父信秀死後，統一了尾張國（愛知縣）之大半部。一五六〇年攻駿河（靜岡縣）之今川義元於桶狹間（愛知縣），使之敗歿。越明年，與三河（愛知縣）之德川家康結盟，統一了整個尾張國。之後，進出美濃（岐阜縣）。一五六七年，消滅齋藤氏而擁

有美濃。然後從尾張之清州遷至岐阜稻葉山城。翌年，擁足利義昭進入京都，使之就室町幕府第十五任將軍之職。惟至後來，義昭對信長強大的勢力感到不悅，故聯絡武田信玄、淺井長政、朝倉義景、三好之徒黨，以及比叡山之延曆寺、本願寺等之僧兵，欲加以打倒。信長乃與之對抗，於一五七一年縱火焚燒延曆寺，兩年後擊敗長政、義景，並將義昭驅逐於京都之外。一五七五年（萬曆元年，天正元年），破武田氏於三河之長篠。明年，築城於安土（岐阜縣）。一五七七年以後則使其部將豐臣秀吉經略中國地方，與當地之毛利氏對立。他本人則於一五八〇年攻石山本願寺而掌握畿內，更於兩年之後消滅甲斐（山梨縣）之武田氏，而對北方之經營頗有進展。同年，爲援助秀吉，統軍前往中國地方之途次，於京都本能寺爲其部將明智光秀所襲擊而自殺。信長有志統一全國而南征北討，且曾實施自由買賣制度，及丈量田畝。他死後，其志業爲秀吉所繼承。

③：今川義元（一五一九～一五六〇），日本戰國大名，以駿河爲中心，治理遠江（靜岡縣）、三河等地，成爲東海道的一大勢力。雖有意進出京都，卻於一五六〇年五月，因被織田信長突襲於尾張之桶狹間而敗亡。

④：參看鄭樑生，《日本通史》（臺北，明文出版社，民國八十二年十二月），頁二五八～二五九。

⑤：明智光秀（一五二八？～一五八二），日本安土桃山時代之大名。美濃土岐氏之分支。因居於美濃明智莊，故稱明智。平日爲織田信長所重用。一五六八年，當信長擁足利義昭入京都時，即與村井貞勝等人參與京都之一般政務，於一五七一年成爲坂本城城主。自一五七五年起，爲攻略丹波（京都府）、兵庫而竭盡其力。一五八二年六月二日，假裝前往中國地方支援秀吉而回身突襲居於本能寺之信長。十三日，與秀吉戰於山城（京都府）之山崎而敗北，於遁逃途次，爲小栗栖之草寇所殺。

⑥：本能寺之變，明智光秀襲擊其主子織田信長於京都四條之本能寺，使其自殺之事件。當時在中國地方征討毛利氏的羽柴（豐臣）秀吉因戰況膠著，遂請信長馳援。故信長乃命光秀前往助戰，他本人則住宿於本能寺。由於信長的部將們都不在京畿，光秀遂乘此以重兵包圍本能寺。信長雖極力抗禦，卻無法擊退叛軍，終於自殺而亡。其在妙覺寺之長子信忠聞此噩耗後亦自戕。同日，光秀進入坂本城，旋至安土城，用心經營近畿地方。但與急速東返的秀吉之大軍戰於山崎而敗，信長之地位遂爲秀吉所取代。

⑦：參看鄭樑生，《日本通史》，頁二六二～二六三。

⑧：鄭樑生，《明代中日關係研究》（臺北，文史哲出版社，民國七十四年三月）。

⑨：守護，鎌倉、室町兩幕府的職稱，始設於一一八五年。其職責以軍事、警察權爲主。後來因侵佔莊園而逐漸地主化，成爲守護大名。

⑩：旗本，通常指在戰場上直接護衛主君之武士團而言，引申爲江戶時代幕府將軍之直屬家臣團。年俸萬石以下，具有可直接謁見將軍之家格的上層武士。如據一七二二年所作調查，其總數約五千二百名。其中年俸五百石以下，百石以上者約佔百分之六十。以德川氏自三河以來的家臣爲中心，兼收被其征服之武士來組成。旗本之下亦各有若干武士（陪臣），其總數約有八萬，成爲江戶幕府之軍事基礎。

⑪：土屋知貞，《太閤素性記》（改定《史籍集覽》〈別記〉，第一二一。東京，近藤活版所，明治三十五年五月）。

⑫：足輕(ashigaru)，日本中世以後的雜兵。腳步輕快，能夠疾行的步卒之意。日本自從其南北朝（一三三六～一三九二）以後，其作戰方式已由騎馬的個人作戰，逐漸轉變爲步兵的集團戰鬥，故足輕在戰場上的表現日益引人注目。

迄至戰國時代，足輕便成爲訓練有素的步卒，有弓足輕、鐵砲足輕等，在足輕大將的統御下出動於最前線。織田信長在長篠與武田軍作戰時，利用足輕鎗隊使對方全軍覆沒之事，至今猶膾炙人口。江戶時代的足輕居於武士階級之最下層，明治維新以後雖被稱爲卒，但在一八七一年廢藩置縣時，其部分人員被納入士族。

⑬：土屋知貞，《太閤素性記》。《太閤記》（改定《史籍集覽》〈通記〉，第二九。東京，近藤活版所，大正八年五月），卷一，〈秀吉公素性〉。

⑭：《太閤記》，卷一，〈秀吉初て普請奉行の事〉云：「某次，清州城牆倒塌六百尺許，乃命上下級武士急速搶修。然工作進行緩慢，經二十餘日，仍未竣工，故有礙於防敵。秀吉懊惱不已。……以爲如此遷延時日，無異招禍，何等危險，非設法早日完工不可。信長聞之，……『命你趕緊搶修』！於是秀吉乃往宿老處，言城牆之搶修，因『下奉行』之粗心，致遷延時日，無法完成。現由本人監工，俾使早日完成。故與『下奉行』商議，將六百尺長之工程，由十組人員平均分擔。結果，翌日竣工，且以木條支撐，設置火炬，清掃乾淨。信長由御鷹野回來，目睹此狀，頗爲感佩，而給予不少賞賜。當晚，信長召見，增加其俸祿」。賴山陽，《日本外史》（東京，松平基則刊行，明治三十二年四月）。

⑮：渡邊世祐，《室町時代史》（東京，早稻田大學出版部，大正四年九月。訂正增補《大日本時代史》，七），頁二六四。

⑯：《三河後風土記》（東京，早稻田大學出版部，明治四十五年七月。通俗《日本全史》，一〇），卷一八，〈川中長一揆附瀧川一益關東總督の事〉。

⑰：前註所舉書，卷一九，〈羽柴秀吉毛利家講和の事〉。

⑱：《祖父物語》（東京，近藤活版所，明治三十五年五月。改定《史籍集覽》，第十三冊）；《三河後風土記》，卷一八，〈明智光秀叛逆の事〉、〈信長公御父子御生害の事〉。

⑲：同註一七。

⑳：同註一七。《太閤記》，卷三，〈爲信長公弔合戰秀吉上洛之事〉。

㉑：《佐久間軍記》（改訂《史籍集覽》版）〈明智光秀被討〉。以上見於鄭樑生，《明代中日關係研究》，頁五二三～五二六。

㉒：穗積文雄，《明史日本傳に見ゆる秀吉》，牧錄於《支那》，第三十二卷九號。本節據此行文立說。並多轉錄拙著《明代中日關係研究》，頁五二三～五三一。

㉓：同前註。

㉔：《賤岳合戰記》，收錄於改訂《史籍集覽》，第十三冊，〈別記〉，第一二四～一二六。《佐久間軍記》〈勝家自害〉。《太閤記》，卷六，〈柴田切腹之事〉。

㉕：《三河後風土記》，卷二二，〈佐佐降參丹羽削封附關白五奉行の事〉。

㉖：參議，也書如三木。「令」中未有之官名。唐名爲宰相、相公。因參議朝政，故有此職稱。次於大臣、納言之要職。從藏人頭、左右大弁、近衛中將、左中弁、式部大輔及曾歷任五個以上之國司者中遴選。

㉗：渡邊世祐，《室町時代史》，七，頁二七八～二八二。

㉘：《太閤記》，卷九，〈信雄卿與秀吉卿及鉾楯起之事〉；〈尾張犬山城落居之事〉。《三河後風土記》，卷二二，〈信雄秀吉和睦附於義丸君上洛の事〉。

㉙：《三河後風土記》，卷二一，〈秀吉根來雜賀四國征伐の事〉。

㉚：大納言，令制的職官之一，相當於太政官的下一級之官。在天皇近側參與規劃庶政，大臣不上朝時則執行政務。《大寶令》所定員額爲四名，後來增至八～十名。

㉛：《任官之事》（改定《史籍集覽》，第十三冊）〈別記〉，第一一九。

㉜：《三河後風土記》，卷二二，〈秀吉公將軍職懇望附關白宣下の事〉。《太閤記》，卷七，〈關白職并家臣任官之事〉。

㉝：聚樂第，亦稱聚樂城，豐臣秀吉營建於京都的城郭式宅第。一五八六年（萬曆十四年，天正十四年）春日動工，翌年秋季落成。東至大宮道，西至淨福寺道，南抵出水道，北達一條通而規模宏大。曾於一五八八年請其後陽成天皇行幸此宅，以誇耀其威勢。一五九一年，讓予其養子秀次。秀次滅亡（一五九五）後被閑置。現存者爲大德寺之唐門，與西本願寺之飛雲門，乃桃山建築之代表性遺構。

㉞：《太閤記》，卷一七，〈前關白秀次之事〉、〈秀次公御切腹三使登山之事〉、〈御切腹之事〉、〈秀次公御若君姬君并御寵愛女房達御生害之事〉。

㉟：球陽研究會編，《球陽》（東京，角川書店，沖繩文化史料集成，五），尚元王〈七年冊封使郭汝霖李際春齎詔至國〉條云：「嘉靖丁巳，王遣正議大夫蔡廷會，長史蔡朝器等入貢，兼請襲封。至于戊午，世宗命刑科給事中郭汝

霖，行人李際春爲冊封正副使。因海寇出沒不時，未及開洋。己未之秋，蔡廷會，長史梁炫等奉表貢方物并謝恩。時廷會等具言：『海中風濤叵測，海寇出沒不時，恐使者有他虞，獲罪上國。請如正德中封占城故事，齎回詔冊，不煩天朝遣封』。福建巡按御史樊獻科以聞。世宗命禮部議奏。禮部議奏：『昔正德中，占城國王爲安南所侵，竄居他所，故令使者齎回勅命，乃一時權宜。然占城國王沙古卜洛猶懇請遣使封，爲蠻邦光重。今琉球在海中諸國，頗稱守禮，累朝以來，待之優異。每國王嗣立，必遣侍從之臣，奉命服節冊，以往著爲例。且廷會無世子印文，若遽輕信其言，萬一世子以遣使爲至榮，以遙拜爲非禮，不肯受封，復上書請使如占城，將誰任其咎哉。乞凡朝貢并冊封如例，以示大典』。世宗從之。至于是年，海氛稍靖，特遣冊封正使刑科右給事中郭汝霖，副使行人司行人李際春，齎詔抵國諭祭故王尚清，封世子尚元爲中山王。仍賜王及妃皮弁冠、綵幣等物，既而照例全竣歸國」。按，嘉靖丁巳爲三十六年（一五五七）。

㊱：《島津國史》。參看宮城榮昌，《琉球の歷史》，（東京，吉川弘文館，昭和五十二年十二月）。

㊲：鄭樑生，《明代中日關係研究》，頁五三五。

㊳：伴信友，《中外經緯傳》（續群書類從本）。

㊴：《琉球薩摩往來文書集》。

㊵：當時琉球的三司官鄭迴爲日方所提出的無理要求而憤慨激昂，提出拒絕的意見，所以大家決定予以回絕。參看東恩納寬淳，《琉球の歷史》（東京，至文堂，昭和四十一年十一月），頁八一～八二。

㊶：當時以少年爲使節的原因有二：其一是少年的身體較能經得起遠涉重洋之苦。其二則是少年缺乏社會經驗與批判能

力，比較容易感化。

㊷：岡田章雄，〈南蠻貿易とキリシタン〉，收錄於《圖說日本の歷史》，一〇（東京，集英社，昭和五十年八月），頁七四。

㊸：辻善之助，《增訂海外交通史話》（東京，內外書籍株式會社，昭和十一年十一月），頁四二一。參看鄭樑生，《明代中日關係研究》，頁五三七～五三八。

㊹：神道，神道爲日本固有的民族宗教。其原始形態爲崇拜自然，乃具有相信靈魂不滅之濃厚的巫術(Shamanism)特性之民族信仰。此種信仰隨其氏姓制度之發達，與國家體制之整備，遂發展成爲崇拜祖先、氏族神與國祖神。於是大和國家乃規定神社之格式與祭祀方式，而予以制度化。惟此一信仰原無一定之道與教，直至佛教東傳（五三八，一說爲五五二），始形成與佛教對立的神道之概念。迄至平安時代（七九四～一一八五）「本地垂跡說」盛行時，產生主張佛主神從的「兩部神道」。鎌倉時代(一一八五～一三三三)則有神主佛從之「伊勢神道」。在室町時代（一三三六～一五七三），則吉田兼俱組織了唯一神道的理論。到了江戶時代（一六〇三～一八六七），山崎闇齋倡導神儒一致的「垂加神道」。本居宣長則根據日本國學以言神道論。此神道論在宣長弟子平田篤胤之「復古神道」裏，就成自以爲是的神國思想，成爲尊王論的思想基礎。明治政府(一八六八～一九一二)雖繼承此種思想，卻使神佛分離，並使神社隸屬於國家，造成崇拜皇室的「國家主義神道」。惟在第二次世界大戰後，因盟軍總部所下神道命令，國家與神道遂告分離。然在國家神道之外，日本民間的信仰，卻自江戶幕府末年至明治之間，先後產生黑住教、天理教、金光教等，以祈禱爲中心的民間宗教。這些宗教稱「教派神道」，目前仍具有很大勢力。

㊺：《富岡文書》。以上參看鄭樑生，《中日關係研究》，頁五三七～五三九。

㊻：《明太宗實錄》，卷五〇，永樂四年正月壬辰朔己酉條。此事並見於瑞溪周鳳，《善鄰國寶記》（續群書類從本），永樂四年正月十六日〈大明書〉。

㊼：瑞溪周鳳，《善鄰國寶記》，永樂四年正月十六日〈大明書〉。

㊽：長崎市役所，《長崎市史》（長崎，清文堂出版株式會社，昭和四十二年八月）〈通交貿易編〉，「西洋諸國部」，頁三七七。

㊾：同前註。

㊿：岩生成一，〈豐臣秀吉の臺灣島招諭計畫〉，收錄於臺北帝國大學文政學部，《史學研究年報》，第七輯（昭和十六年度）所引中村忠行，〈十六、十七世紀の地圖にあらはれたる臺灣〉（《科學の臺灣》，第九卷第三號）。

51：鄭舜功，《日本一鑑》（上海，商務印書館，民國二十八年，據舊鈔本影印本）〈䣊島新編〉繪有臺灣島，島之上端繪雞籠山，且記載其附近噴出琉氣之情狀。更日：「自回頭徑取小東島，島即小琉球，彼云大惠國。按：此海島自泉永寧衛間抽一脈渡海，乃結澎湖等島，再渡諸海，乃結小東之島，自島一脈之渡西南，乃結門雷等島，一脈之渡東北，乃結大琉球、日本等之島。小東之城有雞籠山，山乃石峰，特高於衆，中有淡水出焉」。

52：《明神宗實錄》，卷一三，萬曆元年五月庚辰朔癸巳條云：「令提督兩廣侍郎殷正茂督兵平海賊林道乾。聞山寇蕩平，叛招出海，駕言奔投外國。又林鳳、朱良寶等，濟惡猖狂。正茂計大集水陸之衆，期一鼓就擒。其或廣海茫洋，不能窮追，一面撲滅鳳、寶諸賊，剪其羽翼；一面搗其巢，移大將提兵一枝，據其倚山跨海之險，以待其來，即使勾倭內犯，亦已有備無患。兵科都給事中張書，遂請申飭正茂，刻期征剿，務征必誅。兵部兩覆之，仍乞行福建鎮巡嚴兵協剿」。

53：參看中村榮孝，《日鮮關係史の研究》，下（東京，吉川弘文館，昭和四十五年五月），及田中健夫，《中世海外交涉史の研究》（東京，東京大學出版會，一九五九年十月），頁一七〇～二一四；《中世對外關係史》（同上，一九七五年四月），頁九五～二〇四。

54：苕上愚公（茅瑞徵），《萬曆三大征考》（明鈔本）〈倭上〉云：「朝鮮望風潰」。谷應泰，《明史紀事本末》（清文淵閣四庫全書本），卷六二，〈援朝鮮〉。金時讓，《紫海筆談》。

55：李肯翊，《燃黎室記述》，卷一五。

56：夏燮，《明通鑑》，卷六九，神宗萬曆二十年五月條云：「時朝鮮承平久，兵不習戰。（國王李）沿又湎酒弛備，猝聞難，望風皆潰。沿棄王城。奔平壤，令次子琿攝國事。已，復走義州，求內屬」。陳鶴，《明紀》，卷四三，〈神宗紀〉，五，並見此事。苕上愚公，《萬曆三大征考》〈倭上〉。谷應泰，《明史紀事本末》，卷六二，〈援朝鮮〉。《朝鮮宣祖實錄》，卷二七，二十五年六月己丑朔辛丑、壬寅、癸卯條。朴東亮，《寄齋史草》，下。《壬辰日錄》，二，〈宣祖二十五年〉六月十四、十五日條。

57：《朝鮮宣祖實錄》，卷二七，二十五年六月己丑朔辛亥、壬子、甲寅條。

58：辻善之助，《增訂海外交通史話》，頁四四三～四四四。同註五〇所舉岩生成一之論文。

59：《明神宗實錄》，卷二三八，萬曆十九年七月甲子朔癸未條。

(60)：《明神宗實錄》，卷二三九，萬曆十九年八月癸巳朔條。

(61)：同註六〇。

(62)：同註六〇所舉書，同卷同年同月甲申條。

(63)：同前註書，同卷同年同月乙巳條。

(64)：許孚遠，《敬和堂集》（《明經世文編》，卷四〇〇。明崇禎刊本），卷一，〈請計處倭酋疏〉。

(65)：同前註。

(66)：同前註。

(67)：同前註。

(68)：沈定均、吳聯蕙，《漳州府志》，卷二二，〈兵紀〉，一。

(69)：顧炎武，《天下郡國利病書》〈清乾嘉間樹蘐草堂鈔本〉，第十六冊，〈福建〉，「備錄，澎湖遊兵、兵防考」。

(70)：黃承玄，《黃中丞奏疏》（《明經世文編》，卷四七九）〈條議海防事宜疏〉。

(71)：參看鄭樑生，《明代中日關係研究》，頁五八九—六五四。

(72)：岩生成一，〈豊臣秀吉の臺灣島招諭計畫〉所引Perez. Cartas Y Relaciones, Tomo III p.202。

(73)：同前註論文所引書，頁六二～八〇。

(74)：黃承玄，《黃中丞奏疏》〈題琉球咨報倭情疏〉。

(75)：同前註。

明代中韓兩國靖倭政策的比較研究

一、前　言

日本西陲的壹岐、對馬、松浦等地，人居蕭條，土地褊小，且甚瘠薄，不事農業，未免饑饉，①故必需仰粟於外。迄至十四世紀三十年代，其國因分爲南北兩朝而戰亂頻仍，致此一地方的居民之生活益發困窘。他們因衣食無所出，所以前往高麗恣行作賊，以求溫飽者日多。其規模在初時爲二、三艘，劫掠對象則爲搬運租粟、租穀的漕船，在陸地上工作的男婦，鮮有殺人放火者。惟自全羅道元帥金先致擬誘殺倭酋藤經光而事敗，激怒他們以後，每入寇，竟連婦女、嬰孩也屠殺無遺。②

高麗爲消弭倭患，曾於恭愍王十五年（一三六六），以元之征東行中書省名義發出牒狀，擬藉大元帝國的威名，以達到其要求日本禁戢倭寇之目的。③惟日本方面對此一請求並未給予積極回應。但事經兩年後，高麗與日本西陲對馬島之間的交通關係成立。同年七月，高麗使者前往對馬島。十一月，對馬遣使前往高麗，獲米千石，於是以外交折衝方式進行的和平工作遂告成功。然因高麗政府在此以後並未採取進一步措施，致寇亂復起，遂導至辛禑王時期的寇亂之猖獗。

高麗在辛禑王時，也爲消弭寇亂而曾先後派遣羅興儒、安吉常、鄭夢周、李子蕤與韓國柱、尹思忠等名臣赴日。這些使節人員固以室町幕府爲其交涉對象，卻與該國西陲的武將今川、大內諸氏確保了聯繫，要回了若干被擄男婦而獲得些許成果。雖然如此，倭寇竟肆虐如舊，而幕府亦竟無法採取有效的禁遏措施。因此，高麗就在倭寇之繼續蹂躪與其本身之積弱不振而加速滅亡。

高麗滅亡後，以外交折衝方式消弭寇亂的策略也爲朝鮮所繼承。由於此一策略獲得室町幕府第三任將軍足利義滿的積極回應，故日方之對送還被擄朝鮮人表示熱忱者日多。在此情形之下，倭寇之肆虐便較往日大爲減少。

朝鮮除利用外交手段來減少寇患外，也還採取准許倭人至其國通商，及鼓勵渠魁歸順的策略。凡歸順的都給與田地、家財，使其娶妻，讓他們的生活能夠安定。更有授予官職者。加之，朝鮮本身又充實其軍備，故朝鮮半島上的倭寇便逐漸消失，結果，那些寇盜竟將其劫掠目標轉移到中國來。

中國沿海州縣之受到倭寇擾害，始自元末。朱元璋即位後的第二年——洪武二年正月，便有寇掠山東海濱州縣的事實。④因此，朱元璋乃於其翌月遣行人楊載持詔東渡招諭日本，並要求其禁戢倭寇，但未能達到目的。此後明廷雖曾數度遣使重申此意，卻因種種因素，中、日兩國始終未能建立正式邦交，⑤故有關禁戢倭寇之事也就沒有甚麼結果。

迄至惠帝建文三年（一四〇一），足利義滿以祖阿、肥富爲正、副使來華朝貢，彼此建立邦交，而義滿又被成祖冊封為日本國王，並賜與冕服、金印。在此情勢之下，日方就一直順應著明朝政府的要求，緝捕倭寇，將渠魁及沿海居民之被擄者送回中土，即當時是以政治、外交手段謀求禁遏倭寇，故此一時期的寇亂尚不嚴重。惟至嘉靖二年（一五二三），其所遣細川、大內兩造貢使惹起寧波事件，致海禁趨嚴以後，寇亂便日益嚴重，尤其負責剿倭，嚴厲執行海禁的浙江巡撫朱紈被反對其作風者之構陷而失位，不復設巡撫，及撤備弛禁，倭亂便更為猖獗，遂造成所謂「大倭寇」時代。

由於明廷一味採取嚴厲海禁，並從事征剿，所以寇亂益發滋蔓難圖，直到隆慶初年聽從右僉都御史塗澤民的建議，開放部分海禁，准許往販東西兩洋，倭亂方纔逐漸平靜下來。中國方面的倭寇之靖平，固與整頓、擴充軍備有關，也是用兵進步的結果。而日本豐臣秀吉以還的禁止海盜活動，也有若干影響。然使海寇平靜的根本原因，在於隆慶以來允許國人於海澄從事對外貿易。

基於上述，下文擬根據中、日、韓三國之文獻史料，來分析、比較明代中、韓兩國的靖倭政策，以求諟正。

二、倭寇肆虐的情形

據高麗史乘的記載，高麗之受到倭寇的劫掠，始自忠定王二年（元至正十年，一三五〇）二月，襲擊固城、竹林、巨濟等處。⑥而此一寇亂之趨於猖獗，則為恭愍王之治世（一三五二～一三七四）。

自此以後，不僅全羅、楊廣等沿海州郡被劫掠一空，距離海洋較遠的內地也難逃劫運，就連中、韓邊界的龍州（義州附近），也可發現他們的足跡。

當我們翻閱《高麗史》、《高麗史節要》時，便可發現恭愍王、辛禑王之治世的倭患特別多，其災情也特別嚴重。就恭愍王在位期間而言，例如：

○倭侵黔毛浦，焚全羅道漕船。時倭寇爲梗，漕運不通。以漢人張仁甫等六人爲都綱，各授唐船一艘，戰卒百五十人，漕全羅稅租。賊乘風縱火焚之，我師敗績，死傷甚多。⑦

○倭寇楊廣道平澤、牙州、新平等縣，又焚龍城等十餘縣，京城戒嚴。⑧

○倭寇梁州，焚二百餘戶。……全羅道漕船，阻倭不通。王命京畿右道兵馬使邊光秀，左道兵馬使李善往護之。遇賊，大敗。兵馬判官李芬孫，中郎將李和尚，死之。士卒死者十八九。⑨

○倭奪漕船三艘，死傷甚衆。又屠喬桐縣，京城大震。⑩

就辛禑王之治世而言，例如：

○倭寇金海府，殺掠民物，焚官廨。都巡問使曹敏修與戰，敗績。又戰於大丘縣，敗績，士卒死者甚衆。倭船數十艘，又自金海沂黃山江，將寇密城，敏修邀擊，斬十級。……⑪

○倭寇扶餘，至公州。牧使金斯革戰于鼎峴，敗績，遂陷公州。元帥朴仁桂，以屬縣懷德監務徐天富不赴救，斬之。趨連山縣開泰寺。仁桂迎戰，墜馬被殺，賊遂屠開泰寺。⑫

○倭寇晉州班城縣，又寇蔚州、金原、義昌等縣，殺掠殆盡。又寇密城郡及東萊縣。⑬

○倭屠燒洪州，殺牧使池得清妻，虜判官妻子。楊廣道元帥王安德等與賊戰于蘆峴，敗績。翌日，賊又寇溫水縣，焚伊山營。元帥印海等戰于薪橋。賊四圍，士卒驚潰，多被殺傷。⑭

由上舉各則記事，當可窺知倭寇在恭愍王及辛禑王執政的十四世紀後半肆虐高麗的情狀，亦即當時的寇亂不僅使高麗的漕運陷於痲痺，也使許多從事征勦倭寇的將士傷亡，更威脅了京城的安危。那些寇盜非僅搶劫錢財、糧食，縱火焚燒官宇廨舍，也還殺擄民人，致全國陷於擾攘不安。

當時高麗之所以窮於應付此一外患，除它本身之積弱不振外，身負征倭之大責重任的將領們之貪惡、嗜酒誤事、警覺性不高，或遇敵怯懦不戰等，亦有以致之。例如：

○倭船三百五十艘寇合浦，燒軍營、兵船，士卒死者五十餘人。命誅都巡問使金鋐，支解以徇諸道。鋐，初居羅州，奪占田民，資財饒富。嘗擊倭于木浦，受職賞。由是納賂權要，歲爲捕倭使，又爲都巡禦使，剝民掊克，全羅苦之。大護軍宋芬死，其妻服未闋，鋐托官事勾致，白晝強奸，因以爲妾。又刻減軍卒官糧，只給其半。又稅諸州祿，轉船皆輸于家，其貪惡類此。⑮

○倭焚合浦營，屠燒梁、蔚二州及義昌、會原、咸安、珍海、固城、班城、東平、東萊、機張等縣。先是，元帥金縯，大集一道娼妓有姿色者，日與麾下晝夜酣飲。軍中號曰：「燒酒徒」，以縯嗜燒酒也。卒伍偏裨有犯，必鞭辱，一軍忿怒。及寇至，軍士卻立不戰，曰：「元帥！使燒酒徒擊賊，我輩何爲」？以故大敗。⑯

○倭夜入窄梁，焚戰艦五十餘艘，海明如晝，死者千餘人。萬戶孫光裕，中流矢，乘劍船僅免。

先是，崔瑩戒光裕曰：「耀兵窄梁江口，愼勿出海」。是日，光裕纔出窄梁，大醉，熟眠；賊突至，遂見敗。京城大震。倭又寇江華府，萬戶金之瑞，府使郭元龍，遁于摩利山，賊遂大掠，虜之瑞妻而去。……下光裕、之瑞、彥（？）龍于獄。⑰

○倭自江華攻陷楊廣道濱海州郡。初，賊船僅二十二艘，奪我戰艦多至五十艘。邏卒望見我戰艦，以爲我軍，民皆信之不避，殺傷不可勝計。賊又寇慶陽及安城郡。楊廣道元帥王安德卻懦不戰，乃召副元帥印海及陽川元帥洪仁桂，退次加川驛，欲邀擊歸路，賊望見，由他路引去。安德率銳追擊，不克，號天痛哭。擒賊諜訊之。諜曰：「吾等議，若侵楊廣諸州，崔瑩必帥師而下，於是乘虛直擣，京城可圖也」。初，賊入安城，伏兵麻田，使被虜三四人田于隴上，若農夫然以紿之。水原府使朴承直，聞三元帥至，亦領兵來。問田者曰：「賊退否？三元帥何在」？對曰：「賊既退，三元帥追之矣」。承直信之，直趨官廨。賊伏發，圍之。承直單騎突圍脫走，軍士多被殺虜。自水源至陽城、安城，瀟然無復人煙。⑱

以上所舉者都是發生於恭愍王、辛禑王執政時期之事。由於身負保國衛民之大責重任的將領們既有毫無危機意識而昕夕沉溺於酒色，不體恤部下之艱困，剋扣其軍糧而貪得無厭者，亦有如身負衛戍一方之責的元帥金縝，平日嗜酒好色，疏於防務，而且寬以待己，嚴以律人的作爲，終於導致衆叛親離，一旦寇賊來臨，大家都卻立不戰，致遭慘敗。又有如孫光裕、金之瑞、郭元龍等人之或不聽忠告而貿然出兵，且嗜酒誤事，或聞賊來而逃遁。更有如楊廣道元帥王安德之於倭寇來臨之際，怯懦不戰，軍民的警覺度不高，誤以敵寇爲友軍，或爲敵人所訛詐而中伏。在這種情形之下，非但損兵折將，而且許多城鎮都因遭受他們的殺擄、劫掠而蕭然一空，不復有人煙矣。

就中國方面言之，倭寇雖從元末開始即有寇掠東南沿海郡縣之事實，但其大規模侵犯中國，係在正德年間（一五〇六～一五二一）佛郎機人之東來騷擾濱海州縣，及日本的細川、大內兩氏所派遣之貢使先後來華，引發寧波事件，致明朝加強海禁，嚴厲取締干犯海禁的私販，及引倭、勾倭的中國不法分子活躍於海上之後。尤其當浙江巡撫朱紈因執行嚴厲海禁，致爲勢家所搆陷而失勢、失位、自盡以後，明朝政府非但罷除此一職位，中外亦搖手不敢言海禁事，不僅如此，更撤備弛禁。在此情形之下，未幾而海寇大作，毒害東南沿海地區達十餘年之久。⑲

當倭寇大舉侵掠中國東南沿海州縣之際，其規模之龐大，手法之殘酷，也都遠超過在朝鮮之所爲。例如：

○(嘉靖三十三年四月)十二日，賊自松江來者，二百十七人，經新行。午後又有一百六十人來，咸宿東塘橋村。明日，由腹地走金山，入柘林窟焉。越數日，黃灣賊千餘，掠袁花鎮，焚劫甚慘。徙商木及民居門屏，築疊石墩，掠二哨船，招集其黨，爲過洋計。時掠未滿意，又南抵海寧，攻城不能破，燬劫塔下徐家。西自袁花，歷黃岡麥墩，西北抵硤石；硤石聚而出禦。民稠市窄，不得入，遂至小墅，抵九都，歷紫雲村、角里堰、談家領，抵澉浦。所過數十里無人煙。海寧大姓多罹其害。⑳

○(五月)初六日，賊船一隻，泊麥莊涇，掠附塘數家，移時去。十一日，石墩賊攻澉浦城，取民家門蔽身以登城，幾陷(海)鹽。典使李茂率兵飛石擊賊，殺數賊，解去。李放佛狼（郎）機，誤傷，幾墜，幸城陴口隘，得免。賊回壘不得志，殺男婦千餘以泄怒，見者悲痛。㉑

○(三十四年正月)初三日，有避寇村婦數百，襁負幼小，齊渡西浦橋；值天雨，橋滑，皆棄兒匍匐以渡。河畔積孩屍甚多，悲號震野。賊掠出袁花鎮，載輜重由黃道湖抵硤石。有先鋒六騎，按劍把截硤石口鎮。值年節，男皆酣飲，婦皆粧飾，不虞寇至。猋忽四發，煙塵蔽天，經三宿，燼猶未熄，死水火者無算。㉒

○(三十七年四月)倭攻福清，破之，執知縣葉宗文，劫庫獄，殺虜男婦千餘，縱火焚官兵廨舍。舉人陳見率家僮禦賊，不克，與訓導鄔中涵同被執，罵賊而死。㉓

上舉四則記事乃錄自采九德的《倭變事略》、與徐學聚的《嘉靖東南平倭通錄》，由此當可瞭解在嘉靖三十年代，倭寇劫掠東南沿海地區的情形之一端。此一寇亂不僅使該地區的社會殘破，㉔也給明朝財賦帶來嚴重的損失。㉕當時寇亂之所以如此嚴重，其因有下述四端：

1 政治窳敗：

嘉靖年間的寇亂之所以猖獗，政府官員之不顧民瘼貪贓枉法，當為其原因之一，三十四年當時的戶科左給事中楊允繩云：

近來督撫之令不能行於官司，責之練兵則不集，命之團保甲則不嚴，委之以哨探則不明。日愒月玩，彼此是非㉖。上官隱忍而養容，下官驕侈而日大。所以然者，豈以督撫之官不尊，權不重耶？亦有由矣。蓋近來督撫之臣，涖任謝恩，必有常例銀兩，饋送在京權要。大者數百，小者數十，名曰謝禮。至於任內有所題請，開送揭帖，則又伴以儀物，名曰候禮。又其歷任頗深，營求美擢；或遇地方有事，希求脫任；或以有罪，而求彌縫；或以失事，而求覆蔽；如此饋送，數遂不貲。然大率此等銀兩，在省諸取（取諸）各布政司，直隸取之府州縣司。府州縣既為巧取承迎，不無德色。督撫諸臣自知非法接受，亦有靦顏。既入牢籠，實難展布。……且官司所以賂婿（媚）督撫，又皆取具於民。近來督撫之交代頻煩（繁），則官司之需索，亦從而加苛。其不肖者，又因之影射乾沒其間，指一科十，〔椎〕膚剝髓。即今江南為墟，赤地千里，區區孑遺待盡之民，而猶日苦掊尅侵剝之患。……朝廷張官置吏，本以禦寇安民，今及（反）以殃民致寇，此臣所以痛心疾目（首），不能已於言也。㉗

就當時身負剿倭總責的胡宗憲言之，他雖為時人所重，卻不知潔身自愛，竟巴結趙文華、嚴嵩父子等以為奧援，以求升官，而歲遺金帛、子女、珍奇、淫巧無數，致為巡按浙江御史王本固，南京御史李瑚等所參劾，言其養寇失事、掩敗飾功、貪墨等罪。世宗覽奏後雖曾遣給事中羅嘉賓，御史龐尙鵬查盤，從實覈報，而查盤結果亦確有此一事實，但世宗並未給予應有之懲罰，僅要他策勵供職而已。㉘後來嘉賓、尙鵬等報告核浙直軍費的結果曰：

趙文華侵盜十萬四千金，總督周琉二萬七千金，胡宗憲三萬三千金，前巡撫阮鶚五萬八千金，

操江都御史史褒(褒)善萬一千金，應天巡撫趙忻四千七百金。至於操江高捷，則移餽文華江防銀二千金。㉙

世宗雖根據此一疏報罷黜忻、捷，惟竟又以宗憲靖倭之功最大而置之不問，文華則候勘，㉚此種作法，實非雄略之主所應爲。各級職官的操守既如上述，欲使寇亂早日平靜，自有其困難在。

2海防廢弛：

明朝爲防倭寇，曾於洪武十七年(1384)命信國公湯和巡視海上，築山東、江南北、浙東西沿海諸城。後三年，命江夏侯周德興前往福建加強海防措施。二十一年，又命湯和行視閩、粤，築城增兵。兩年後聽從衛卒陳仁言建造防倭海舟。之後，更接納山東都司周彥之建議，加強山東地方的防禦設施，㉛故當時海防不可謂不嚴密。惟太平日久，人情怠玩，因而隳廢，至正德時已廢弛不堪。㉜迄至嘉靖二十年代則：

總督備倭官黎秀奉有專敕，以都指揮體統行事，海防其職守也，臣相見之初，問軍數不知，問船數不知。及令開報，則五水寨把總官五員，尚差職名二員，餘謄舊冊而已，稍加較對，通不相合。總督如此，其他可知。又，漳州衛與漳州府同城，官軍月糧少派三個月。至於銅山等所，缺支二十個月，泉州高浦等所缺支一十個月，其餘多寡不等，無一所一衛開稱不缺者。又如戰哨等船，銅山寨二十隻，見在止有一隻，玄鐘澳二十隻，見在止有四隻，浯嶼寨四十隻，見在止有十三隻。見在者俱稱損壞未修，其餘則稱未造。又如巡簡(檢)司在漳州沿海者九，龍鎮等處共一十三司，弓兵九百五十名，見在止有三百七十六名。在泉州沿海者，寧溪等處共一十七司，弓兵一千五百六十名，見在止有六百七十三名。㉝

非僅如此，明初在海島近處所設水寨用以據險伺敵者，後來因將士憚於過海，致水寨之名雖在，而皆自海島移至海岸。據老將言，雙嶼、烈港、浯嶼諸島，當時海賊據以爲巢者，俱爲明初水寨。㉞更有進者，由於承平日久，食糧聽遣，因其職分年久，士伍消耗，不堪煩役，奔南走北。加以民差甚苦，而海波屢揚，登埤之士，十無一二。因此，實在守城者，止餘數人而已。㉟在此情形之下，要使衛所官兵有所作爲，實屬奢望。

3 軍紀敗壞：

當時倭寇之所以難於殄滅，與軍紀之敗壞應有莫大關係。這就如戚繼光所說：

名將所先，旗鼓而已。近見東南人不知兵，旗無法制，率如兒戲。……方色混雜，不可辨認。而臨陣分合，更與旗無干。聽兵用手以逼口爲哨聲，卻以旌旗爲擺隊之具，金鼓爲飲宴之文。至有大將名冑，而亦烏合縱橫，一聽兵士紛沓。一隊數色，一陣數令，以勝負付之自然，以進退付之無可奈何。㊱

嘉靖三十四年閏十一月當時的光祿寺卿章煥則說：「倭患之熾，其原不在於外，中原之雄傑爲之謀也，土著之奸人爲之嚮導也，窮民爲之役使也。有是三者，然後能深入長驅，唯所適而未能遏。」㊲且言：統兵之制未定、馭兵之制未定、調兵之制未定、募兵之制未定、屯兵之制未定、行兵之制未定、養兵之制未定爲寇亂難於弭平的重要因素。㊳至於剿倭部隊之彼此相惡，坐視不救，嫉妒鄉勇，殺良報功，欺蔽要賞等㊴作爲，亦有以致之。

4 內地奸民導引接濟相與為亂：

中國奸民之引倭入寇，從明初開始即有此一事實，㊵然尚不敢攻城掠邑，深入內地。然自朱紈失位，撤備弛禁以後，情勢大變，非僅海商轉爲寇盜，驅使倭人，或與倭寇結合，有組織，有計畫的內犯，更有許多奸民參與爲亂，爲之籌議，爲之導引，爲之羽翼。如：許氏兄弟、李光頭、陳思盼、王直、徐銓、徐海、陳東、麻葉等，無不結艘連檣，或分或合，往往蔽海而至。㊶其所以造成這種局面的原因在於：

海寇之聚，其初未必同情，有冤抑難理，因憤而流于寇者；有憑藉門户，因勢而利于寇者；有貨殖失利，因困而營于寇者；有功名淪落，因傲而放于寇者；有傭賃作息，因貧而食于寇者；有知識風水，因能而誘于寇者；有親屬被拘，因愛而牽于寇者；有搶掠人口，因壯而役于寇者。㊷

可見當時參與倭寇行列，肆虐東南沿海郡縣的分子非常複雜。因此，嘉靖三十年代的倭寇，眞正倭人不過十之三，是亦雇募而來。㊸他們皆假倭爲名，乘機爲亂；地方官亦皆以倭名之，逃避罪責。

彼因以倭爲名，我亦以倭名之，是墜其計也。不謂其非倭也，蓋實我中國之賊，爲之主謀嚮導，引致倭患，以爲助也。惟以倭爲名，則彼得以藏匿掩護，而室家族戚，可保無虞。曰：「今玆

> 之寇，是倭也，我無預也；人亦曰是倭也，彼無預也」。金帛財貨，得以捆載而歸。雖白晝大衢之中，人所共視，而莫敢誰何矣。……所以惡少恣谿壑之欲，以苟朝夕之生者，多斷髮跣足以驅之，恃以倭名而莫之覺也。㊹

此外，爲靖倭督撫之人事問題而來的朝廷內部之相互傾軋，身負督察軍務之大責重任者之顛倒功罪，也使靖倭將士愈益解體。㊺

由上述可知，中、韓兩國倭亂難平的原因俱多方面而有其相似處。對此賊寇，非予以靖平不可。那麼，當時它們所採策略如何？爲行文之方便，下文擬分別加以探討。

三、高麗．朝鮮靖倭的經緯與策略

1 高麗遣使的經緯

前文已說，高麗之受倭寇侵擾，始自忠定王二年（一三五〇）二月，襲擊固城、竹林、巨濟之際，至恭愍王之治世（一三五二～一三七四）漸趨猖獗。高麗政府爲消弭倭寇，雖曾調兵遣將加以征討，卻始終未能收到預期效果。故乃改用外交折衝方式，於恭愍王十五年（一三六六）派遣金逸、金龍赴日要求禁戢倭寇，㊻其牒狀則以元之征東行中書省名義發出，亦即高麗擬藉大元帝國之威名以達到其目的。惟日本方面對此一請求並未給予積極回應。越明年七月，日本遣京都天龍寺僧梵盪、梵鏐往高麗，對馬島之宗經茂（即《高麗史》所記萬戶崇宗慶）也遣使至該國。八月，高麗遣講究使李夏生赴對馬。十一月，經茂復遣使至高麗，獲米千石。[47]對馬與高麗之間的交涉內容雖不傳，但它們兩者之間對於禁戢倭寇問題似有所協議，而外交折衝的和平工作獲得成效。惟在此以後，高麗政府並未採取進一步措施，故從二十年前後開始，寇亂復趨猖獗，至辛禑王時代臻於高峰。

二十二年，檢校中郎將李禧上書欲自率濱海居民習水戰，使其國王頗爲嘉許；禹玄寶上疏復設久已廢絕的水軍，開始使用火箭、火筒等火器；鄭准提（一作地）則獻靖倭策略。[48]雖然如此，寇亂卻日益加劇。就在此國家多難之際，恭愍王竟於翌年爲宦官所弒。經權臣決議，擁立辛禑王。

辛禑王元年二月，判典客寺事羅興儒，鑒於倭寇難平而上書請求赴日，遂以興儒爲通信使，令其前往請禁倭寇。[49]室町幕府經與朝廷商議後，以釋良柔爲報聘使，並使天龍寺僧周佐德叟致書，言於平定九州後採禁賊措施。[50]就在此一時期發生如前文所說誘殺渠魁藤原經光失敗的事件。自此以後，「每入寇，婦女嬰孩，屠殺無遺，全羅楊廣濱海，蕭然一空」。由於倭寇長期肆虐而其害日益嚴重，乃於辛禑王三年六月派遣判典客寺安吉祥赴日，要求日本禁戢倭寇。[51]吉祥赴日後不久病歿。八月，日本遣僧信宏來報聘，其書言：「草竊之賊，是逋逃輩，不遵我令，未易禁焉」。中村榮孝以爲信宏可能爲九州探題今川了俊所遣。[52]該書狀雖言不易禁賊，了俊卻爲討賊派其軍兵六十九人前往高麗。[53]九月，高麗復以前大司成鄭夢周爲報聘使，持要求禁賊之書狀至博多，與了俊會晤，面談倭寇肆虐及請日本予以禁戢的問題。明年，夢周返國之際，了俊遣周孟仁偕行，並送還被倭寇所擄高麗人尹明、安遇世等數百人，更下令禁止其三島——壹岐及對馬兩島的居民從事寇掠，㊹以順應高麗的要求。

高麗鑒於與室町幕府交涉而未能獲得預期之回應，而與九州今川氏接觸的結果，卻有相當成效，故乃變更策略，將其交涉對象改爲西陲武將。所以在四年十月遣使時，除令版圖判書李子庸至了俊處致贈金銀器具、人蔘、蓆子、虎豹皮等禮物以謝其好意外，也還派前司宰令韓國柱前往大內義弘所在之中國地方，謀求遏阻寇盜問題。翌年五月，當國柱回國時，義弘即遣朴居士率領武士百八十六人偕往，以防倭寇，故高麗於閏五月命檢校禮儀判書尹思忠報聘；七月，子庸西返時，了俊復送回被擄人口二百三十餘口。㊺於是九州探題與高麗之間因倭寇問題而關係密切起來。

由上述可知，高麗要求日本禁遏倭寇及送還其被擄人口而不時遣使赴日，日本則爲求與送還俘虜而來的利益，除下令禁止其子民之寇盜活動外，也一再遣返被擄男婦。此一情勢不僅促進了日、高兩國間的交通往來，更因其西陲武士們之相繼仿效這種交易方式以謀利，遂使該兩國間的關係有了新的開展。

高麗遣往日本的羅興儒、安吉祥、鄭夢周、韓國柱、尹思忠等人俱爲大官，而且都有名臣之令譽。他們之赴日固以室町幕府爲目標，卻與其西陲諸侯今川、大內諸氏取得聯繫而在送還被擄人口方面獲得相當效果。雖然如此，倭寇的寇掠並未因而稍斂，幕府也無法拿出有效的辦法來阻遏。㊻復由於國都也一再蒙受其害，致曾經興起遷都之議。只因爲倭寇猖獗而導致田園荒蕪，男婦被擄，各地穀倉之被劫與漕船之遇害事件層出不窮，故南方租米之運輸有陷於癱瘓之概。所以帑藏匱竭，就連應支給百官的俸祿也有發不出去之概。57

在此國家多事之秋，國王不僅不知力圖振作，設法挽狂瀾於既倒，反以遊獵爲事，且縱情於淫亂。職此之故，賣官鬻爵之風起，賄賂公行，田制紊亂，軍制敗壞，而國家危如累卵。結果，國王竟爲其重臣所廢而滅亡。

2 朝鮮的靖倭策略

繼王氏高麗之後建立王朝的，就是李成桂(旦)。成桂原爲高麗的討倭名將，他在恭讓王之時即斷然從事各種制度的改革，且與產生在動盪不安的社會之新勢力結合，更收攬人心，終於在群臣擁戴的名義下就王位。成桂即位後，即向明朝報告此事，以求獲得宗主國之承認。並且根據明太祖之指示，於翌年將其國號定爲「朝鮮」58。

朝鮮成立後百廢待舉，所要處理的內外問題有如山積，而平倭亦爲其重要課題之一。在高麗末年，倭寇雖日益猖獗，但因李成桂、崔瑩等將領指揮得宜而往往大有斬獲。並且經鄭地、崔茂宣等人的努力，非但使其水軍制度更爲充實，而且火藥的製法也更爲進步，59這對征剿倭寇發揮了某一程度的效率。另一方面，高麗也曾於昌王元年(1389)令朴崴率領水軍攻擊倭寇淵藪——對馬島；60對於投化的倭人則給與優遇，對送還被擄男女者則予以優厚的賞賜以懷柔他們，而此一策略爲朝鮮所繼承。

朝鮮雖繼承高麗綏撫倭寇的策略，但除此以外，又更進一步的致力與倭通好，採取懷柔政策，亦即以相互往來方式促進彼此之間的友誼。與之同時，也還充實軍備以鞏固邊防。61

李成桂在其即位之年即遣釋覺鎚赴日，要求日本禁戢倭寇。其致日本書雖已不傳，然日本於其明德三年（洪武二十五年，一三九二）壬申十二月二十七日的〈答朝鮮書〉云：

日本國相國承天禪寺住持沙門某，端肅奉復高麗國門下府諸相國閣下：仲冬初，貴國僧覺鎚來，將諸相國命達書于我征夷大將軍府，諭以海寇未息，兩國生釁。此事誠如來言，海隅民敗壞教化，實我君臣之所恥也。今將申命鎮西守臣，禁遏賊船，放還俘虜，必當備兩國之鄰好，永結二天之歡心，實所願也。然而，我國將臣自古無疆外通問之事，以是不克直答來教，仍命釋氏某代書致敬，非慢禮也。今遣臣僧壽允，細陳情實，乞僉察焉。不宣！62

日本早已在隋大業年間遣使來華，因其國書之措辭無禮而觸怒了煬帝，63故在此所謂「我國將臣自古無疆外通問之事」云云，雖與事實不符，但它之承認其「海隅民敗壞教化」，而「將申命鎮西守臣禁遏賊船，放還俘虜」，則表示朝鮮的此一要求已獲得日方的積極回應。文中所言「沙門某」即絕海中津，他曾於明初來華，與明太祖在奉天殿唱和以〈徐福祠〉爲題的詩，該詩見於日人伊藤松所輯錄《鄰交徵書》；「征夷大將軍」即指室町幕府第三任將軍足利義滿而言。成桂的此一遣使，應可說是日、朝兩國交鄰之始，而收到立竿見影之效。

如據《朝鮮實錄》的記載，自此以後，朝鮮曾不斷遣使要求禁戢倭寇與送還被擄男婦，日本九州探題今川了俊(貞世)以及西陲的武將們，也都對此事作回應而開始遣返被擄人。例如：壹岐島僧建哲於太祖二年（一三九三）遣人送回被擄男女二百餘人。64當朝鮮所遣回禮使金巨原與釋梵明於太祖三年五月回國之際，了俊送還五百六十九名，同年十月遣前工曹典書崔龍蘇赴日時，則向了俊表示其又發遣被擄人七百名之謝意。㉟在這種情形之下，不到幾年，倭寇似已減少許多。當龍蘇西返之際，了俊遣僧宗俱偕行，更送還被擄人五百七十餘口，且致書曰：

……蒙諭禁賊之事，磬力於一（壹）岐、對馬已久矣。海中寇賊，以舟爲家，從風便無著落之處。今比于舊日，賊輩十之八九減少焉。若又以官軍將帥別開異途，恐絕通好之路。諺云：「賊是小人，智過君子，彼所計謀之智略，雖云聖賢，或有未及之處」。仰願放寬，等我做拙計，必無焦類，方宜陪兩國之款，懷哉！被虜男女，嚴加推刷，隨得可伴送，不敢拘留也。……㊱

由於每當日方送還被擄人口時朝鮮當局都會給與賞賜，且彼此又能友好往來，故此事刺激了西陲諸侯而不斷送還被擄者。在此情形之下，朝鮮得以要回被擄子民，日方亦因而獲得偌大賞賜，更進而得以發展與朝鮮之間的貿易。亦即朝鮮原以要求禁戢倭寇，及送還被擄人爲目的所作之政策上嘗試，不但獲得相當大的成果，而且也因此促進兩國間密切的往來。非僅如此，更因此給那些絡繹於日、朝兩國之間的倭人開啓了由海寇轉變爲海商的端緒，㊲終於使朝鮮半島上的倭寇逐漸平靜下來。

當朝鮮以外交折衝方式靖倭而收到若干效果之際，其使倭寇瓦解的就是懷柔政策。此一政策，可分爲三方面：

⑴其一是：凡來降者給與衣物、糧食、田地，使之能夠安居樂業。這類倭人被稱之爲降倭、向化倭或投化倭。例如：

○對馬島被擄人八名，與倭人九名來，使各還其家。分處倭人于州縣，各賜衣糧。(68)

○賜降倭前護軍具陸米、豆十石。(69)

○分置住京倭人于各道，俾治農業。上曰：「住京倭百有餘人，是可畏也，且天有水旱之災，則救濟難矣」。(70)

(2)其二是：授來降者以官職。當時降倭之獲授官職者謂之授職倭人，給予與其位階相稱之冕服。後來則連居住於日本而不時往來於日、朝兩國之間者亦因有功於朝鮮而受職。此類受職倭人著官服，持告身(派令)，每年各至朝鮮一次，接受招待為常例。受職即等於其貿易權獲得朝鮮當局之公認。(71)惟因這些受職者皆出身倭寇，故朝鮮政府深恐他們有一天又會重操寇盜舊業，故就如以下所舉資料所見，都把他們安排到內陸分散居住。例如：

○命各道沿海安置倭人，移置陸地深遠各官。(72)

○命巡軍分置降倭于州縣。(73)

○命分置慶尙道興利倭人。兵曹據慶尙道水軍都節制使牒呈，啓曰：「富山浦來居倭人，或稱商賈，或稱遊女，日本客人及興利倭船到泊，則相聚支待，男女交懽。他浦到泊客人亦來沽酒，託以待風，累日淹留，窺覘虛實，亂言作弊。乞於左道鹽浦，右道加背梁各置倭館，刷出恒居倭人，分置居生，何如」？命曰：「令本道分志之際，毋致人心浮動」！(74)

至於有關降倭受職的情形，例如：

○降倭魁疚六，率三人來，獻長劍一，環刀一，詣朝班肅拜。上引見，與之語。賜疚六衣一襲，高頂笠一。曰：「汝來何意」？六對曰：「聞殿下撫綏降者，不念舊惡，願請土而爲氓」。……降倭疚六宣略將軍龍驤巡衛司行司直兼海道管軍民萬戶……賜疚六銀帶一腰，紗帽一，靴一。⑮

○授降倭羅可溫宣略將軍，其麾下都時羅等八人各領司正、副司正職。⑯

○宗貞茂使送客人及林溫使送客人等，來獻方物。溫，投化來仕，受將軍之職，後還入對馬島，爲倭萬戶。⑰

(3)其三是：允許倭人到朝鮮從事貿易，朝鮮稱這種倭人爲使送客人、使送人，或客人等。他們除對馬島主宗氏與其一族外，尚有先後擔任九州探題的大內、今川、澀川諸氏、松浦黨、宗像社、島津氏、伊集院氏、秋月氏、菊池氏及其他氏族，他們都是日本西陲的豪族。例如：

○日本仇沙殿使送客人來獻土物。上曰：「此物必入寇中原所得也，即分各司」。⑱

○宗貞茂使送人及兀良哈千戶等，來獻方物。⑲

○禁賣金銀於日本客人。⑳

由上述可知，朝鮮是以懷柔倭人爲其靖倭的主要方針，對於寇掠沿海地方者，除遣軍防禦外，也還勸諭其首領投降歸順，如聽從勸降，則予以優遇，賜予田地、家財，使之娶妻，獲得安居之地。結果，從太祖末年開始，歸順者——降倭接踵而至。在這種情形之下，日本西陲貧民之前往朝鮮歸化者亦復不少。其稱投化倭或向化倭者即指這類日本人而言。於是朝鮮當局爲酬庸這些歸化者，乃予以某種職務；同時也爲懷柔渠魁而邀請他們至朝鮮，然後授予官職，對於懷有某種特殊技能，如：醫學、鐵工方面的人員也予授職。此一策略，可謂淵源於中國羈縻四夷的辦法。

朝鮮政府對於和平來往者，不僅允許他們在沿海捕魚，也允許他們自由來往貿易，有時也聽從他們的請求，給與糧食。於是那些本以追求經濟利益爲目的的寇盜，便逐漸由寇掠轉變爲交易。亦即由倭寇轉變爲興利倭人、販賣倭人，或被稱之爲客倭、商倭，不再肆虐朝鮮半島。因此，朝鮮的此種策略，可謂相當成功。那麼，中國方面的情形又如何，下文擬對此一問題進行探討。

四、明朝靖倭的經緯與策略

中國東南沿海州縣之受到倭寇蹂躪，始自元順帝至正十八年（一三六三），(81)朱元璋建立明朝後，則於洪武二年正月寇掠山東濱海州縣。(82)元璋鑒於倭寇在其即位之初就寇掠中國，乃於同年二月遣行人楊載持詔東渡日本，告以成立新王朝，並促其來貢，但也對倭寇之侵華提出強烈抗議。(83)元璋在位期間，爲要求日本禁戢倭寇而曾遣使四次，卻未能獲其所預期的有效回應。

1 嘉靖以前的靖倭政策——海禁與貢舶貿易

明朝因受倭寇騷擾，及戒懼沿海居民與他們狼狽爲奸，乃於洪武四年實施海禁，禁止其子民私自出海。時人雖因明廷之海禁，被禁下海，致與外國人士之交通斷絕，但在中國實施海禁的，明太祖並非始作俑者。此事可由《元史》〈食貨志〉或《續文獻通考》的記載獲得佐證。⑭雖然元代亦曾有短暫的時間有過海禁措施，即使這樣，使海禁長久化的實爲朱元璋及其繼承人。

元璋除遣使赴日要求禁戢倭寇外，也曾分別命湯和、周德興等老臣巡視江、浙、閩等沿海地區巡視，加強海防設施，且聽從軍士之言建造兵船以備倭，故當時海防不可謂不嚴密。因此，洪武年間所受倭寇的災害尙屬輕微。

明代中日兩國的正式邦交始自惠帝建文三年（一四〇一），成祖即位後，彼此之間仍繼續有官方往來，雙方之船隻接跡於海上。

在當時的東亞國際環境裏，倭寇問題，明的海禁政策，及南海地方貿易的發展，也都與明、日兩方之交通發生關聯。倭寇活動的目標並不止於通商，或劫掠沿海地方的米穀，連瀕海郡縣的居民也擄爲奴隸，並予販賣，所以這些事實均使明、日兩方非建交不可。那些被擄者固以奪還、放還、生還、逃還、贖還，或直接送還，或經由朝鮮回其家鄉，但倭寇的本源在日本，如要根絕倭寇，就須將日本納入東亞社會的體制之中，所以倭寇問題實成爲完成此東亞世界之過程的因素之一。而明朝的海禁政策卻只許朝貢貿易存在，結果，以朝貢貿易方式，以貢品名義從四夷進口的貨物，幾乎都是上流階級的用品與軍用物資。從太祖之治世開始實施的海禁，乃禁止所有中國人走出海洋的措施。海禁與朝貢兩種政策，雖有內外之別，但其關係卻表裏難分。因此，對明朝而言，它們乃符合防止海盜橫行，與維持由政府控制貿易之形態，亦即兼顧政治、經濟兩方面之目的者。⑮

當明朝與日本之間的邦交正式開展後，日本室町幕府將軍足利義滿於永樂二年被冊封爲日本國王，頒示《大統曆》，俾奉正朔，且賜與龜紐金印、冕服、誥命，[86]以及永樂勘合。自此以後，明、日兩國間的來往不絕，因此，明與日本的關係乃眞正的宗主與附庸的關係，而日本的事大思想濃厚。由於義滿頗能接受明廷要求取締倭寇，或送還被擄國人，明廷乃不惜對其態度予以很高評價。謂：「王脩德樂善，忠良恭謹，朕甚爾嘉。又能遵奉朝命，禁止壹岐、對馬諸島之人，不爲海濱之害，用心勤至，尤爲可嘉。」[87]且謂：「自今海隅肅清，居民無警，得以安其所樂。雞豚狗彘，舉得其寧者，皆王之功也。」[88]

佐久間重男以爲義滿送還倭寇事，使成祖對其信賴有臻於極點之概，[89]並且說：

> 初時，因獻所獲倭寇而頗符明廷旨意，從而贏得偌大賞賜，乃連年援此例而爲。此與洪武初期以送還被倭寇所擄中國人名義入貢，以求其代價者同出一轍，爲一種變形的奴隸交易。因此可說，只將送還漂流人名義改爲呈獻所獲倭寇而已，這點也眞實表示義滿之實利主義。[90]

而指出日本所送還之倭寇變成其貿易品之一，實與上述其西陲大名交通朝鮮之際，以送還被擄男女，來取得糧食及其他物品的情形相似。此乃變相的人口販賣，是爲此一時期的日本貢品之特色，[91]也是明廷以外交方式所獲綏靖倭寇的成果。

然當義滿猝逝，其子義持摒棄乃父政策，於永樂十七年（一四一九）與明斷交[92]後，倭寇又復肆虐東南沿海矣。

義持之所以與明斷交，雖與其幕僚人員，及義持本身之與其父親之間的疎離有關，但其採取這種措施的根本原因，與其謀求對華自由貿易之企圖，及他之無法約束手下諸侯，使他們禁戢倭寇不無關聯。⑨③自由貿易，自由來往，此非僅義持與其幕僚人員之意願，也是日本當時的公卿、守護、寺社、商人所渴望者。釋瑞溪周鳳所謂：

今所謂勘合者，蓋符信也，永樂以後之式爾。……自古兩國商舶，來者往者，相望於海上。故爲佛氏者，大則行化唱道之師，小則遊方求法之士，各遂其志。元朝絕信之際尚爾，況其餘乎。有勘合以來，使船之外，決(絕)無往來，可恨哉！⑨④

實最能代表日本當時朝野的心聲。雖然使用勘合的貿易方式有種種限制，但義持自行終止這種貿易的結果，中、日兩國都蒙受很大損失。前者的損失是沿海數十府州縣民重遭倭寇不斷的蹂躪，此事只要翻閱《明太宗實錄》即可明瞭。後者則非但未能達到預期目的，反失其龐大收入，兩相權衡則中國的損失當千百倍於日本固毋待贅言。

義持逝世後，由其弟義教繼任幕府將軍。義教雖於當將軍後即遣使復貢，但此後的日本貢船之來華，政治意義與對國際上顧慮的成分消失，其統治階級只一味追求貿易之利而鑽營通貢貿易，⑨⑤不再應明廷之要求取締倭寇。非僅如此，在其國內也爲爭取籌辦貢船之權而在權門勢家之間勾心鬥角，而且到了中國，也仍互相傾軋，遂釀成寧波事件。有關此一事件的經緯，已在拙著《明代中日關係研究》第四章第四節中論述，不擬在此贅言。

誠如佐々木銀彌所說，十六世紀來華的日本貢船，幾乎已完全失去作爲冊封體制之一環的朝貢、回賜之貿易意義，致此體制與貿易乖離，既無法解決禁戢倭寇問題，也無法透過日本國王將日本約束於華夷秩序之中。結果，明廷對中日交通貿易所期待的，已甚麼也沒有了。⑯

2 武力征倭

嘉靖以前，明廷固以遣使招諭或允許其以貢船方式來華貿易，收到某一程度的靖倭效果，但也從明初開始即調兵遣將以靖倭，此一事實見諸史乘，斑斑可考。尤其因發生寧波事件及葡萄牙人東來騷擾沿海地區，加強海禁，致寇亂更爲猖獗以後，以武力平倭的工作便如火如荼的開展。

《明史》〈日本傳〉記載當時倭寇之所以復趨猖獗的原因云：

> 祖制，浙江設市舶提舉司，以中官主之，駐寧波。海船至則平其直，制馭之權在上。及世宗，盡撤天下鎮守中官，并撤市舶，而海濱奸人遂操其利。初，市猶商主之，及嚴通番之禁，遂移之貴官家，負其直者愈甚。索之急，則以危言嚇之，或又以好言紿之，謂：「我終不負若直」。倭喪其貲不得返，已大恨。而大奸若汪(王)直、徐海、陳東、麻葉輩，素窟其中，以內地不得逞，悉逸海島爲主謀，倭聽指揮，誘之入寇。海中巨盜，遂襲倭服飾、旂號，並分艘掠內地，無不大利，故倭患日劇。

在這種情形之下，嘉靖二十六年六月，巡按御史楊九澤鑒於浙江寧、紹、台、溫諸府皆濱海，界連福建福、興、漳、泉諸郡，有倭患，雖設衛、所城池及巡海副使、備倭都指揮，但海寇出沒無常，兩地官弁不能通攝，制禦困難，故請如往例特遣巡視大臣，盡統海濱諸郡，使事權歸一，威令易行。經廷議命南京副都御史朱紈擔任此職，以巡撫浙江兼制福、興、漳、泉、建寧五府軍事。[97]七月，倭寇起，改提督浙、閩海防軍務巡撫浙江。

朱紈擔任浙江巡撫後，嚴厲執行海禁政策，採革渡船，嚴保甲，搜捕奸民等措施，[98]引起閩浙地方勢豪之家之勾結倭寇與從事走私勾當者的不安忌恨，遂謀共同排斥他。因此，紈在執行海禁方面雖有豐碩成果，給倭寇淵藪以很大打擊，但竟爲反對其作爲者所搆陷而失位，終於仰藥自盡。結果，紈之嚴厲海禁遂寢而不行。

朱紈既卒，罷巡撫不復設，又以御史宿應參之請復寬海禁，而船主、土豪，益連結日本商人，爲奸日甚，官司以目視，莫敢誰何。[99]明廷既罷巡撫之職，復寬海禁，倭寇之侵掠東南沿海的情況便愈益嚴重，乃於三十一年七月復設巡撫，命僉都御史王忬擔任此一職務。[100]惟忬對當時倭寇激烈的寇掠已束手無策，[101]終於進入所謂嘉靖大倭寇時期。忬後，李天寵、張經、周琬、楊宜等人先後負責此一方面之工作，於三十五年二月，胡宗憲繼其任。[102]

在嘉靖三十年代，明廷雖不斷的從全國各地調兵遣將，或遣官員四處募兵以平倭，然倭寇不但不易殄滅，其勢反而日益增長，動輒以船數百艘，人員數千，蔽海而至。攻城略邑，姦淫擄掠，焚燒官宇廨舍，當地居民之因而喪失生命財產者不知凡幾，此事只要披閱《倭變事略》、《籌海圖編》、《嘉靖東南平倭通錄》、《明世宗實錄》。《明史》〈日本傳〉，以及東南沿海各府州縣之地方志的相關記載即可明瞭。

當東南倭患激烈之際，工部右侍郎趙文華疏陳備倭七事。[103]經兵部復議，乃於三十四年二月遣文華祭告海神，並察視江南賊情。[104]文華抵江南以後，不僅對討倭工作毫無裨益，反而顚倒功罪，諸軍益解體。文華既誣陷張經養寇失機，又以經「惑於參將湯克寬之言」而羅織克寬之罪，更譭謗浙江巡撫李天寵嗜酒廢事。結果，經、克寬、天寵等雖在王江涇的剿倭戰役中獲空前大勝利，竟被逮下獄，論死。[105]

文華非僅陷害張經、湯克寬、李天寵，也誣陷在滸墅關剿倭立大功的巡撫應天右僉都御史曹邦輔，言邦輔避難擊易，致師後期。邦輔遂被逮繫，謫戍朔州。如據《明史》〈嚴嵩傳〉、〈趙文華傳〉及《國榷》，卷六一，嘉靖三十四年二月丙寅朔丙戌條的記載，在倭寇蹂躪蘇、松的嘉靖三十二年至三十九年之間，爲蘇松巡撫者有彭黯、方任、陳洙、屠大山、周珫、曹邦輔、張景賢、趙忻、陳錠、翁大立等十人而無一非得罪去職者。

明廷在足利義滿去世後，雖一味以征剿方式靖倭，卻難收立竿見影之效。當時寇亂之所以難於平定的原因，除軍備廢弛，軍紀敗壞，政治腐敗及內地居民之接濟、導引參與爲亂外，其最基本的原因應該是海禁。明代的海禁政策不僅釀成偌大的禍亂，更嚴重的抑制了沿海居民之向海外發展。當時被目爲寇盜的，其實多是走私商人。走私活動從明初開始即甚爲活躍，由於物品的供需關係，海禁愈嚴，其所獲利潤也就愈厚，干犯海禁鋌而走險者也就越多。當時凡下海通番的，明廷都把他們視爲海盜逋民加以取締。其對已在國外創業者則不僅不加以保護，反而聯合外國勢力予以迫害，摧殘，如萬曆前期在臺灣、菲律濱一帶從事貿易活動的林鳳之一再受到明軍征剿，更受到明與西班牙部隊的挾擊而進退失據，而不知所終，即是好例。

明朝的這種政策，乃有違當時發展海外之趨勢者，它對國內生產事業的發展及國家財政也都沒有裨益。英宗復辟後的司禮太監福安曾說：鄭和於永樂、宣德年間經略西洋以後三十餘年，因停下西洋的結果，府藏虛竭，此當與禁止往販海外有密切關係。[106]

迄至武宗之治世，明朝內部出現紓緩海禁的主張，欲在一定範圍內謀求緩和海禁，亦即如張維華所說，欲緩和海禁的主張開始萌芽，給明朝帶來變更海禁政策的曙光。[107]惟在三年以後，因日本貢使引起的寧波事件，與葡萄牙人東來後在東南沿海地方騷擾，致上述紓緩海禁的主張一時受到壓抑，主張厲行海禁的意見佔絕對優勢，結果，海禁比往日更爲嚴厲，[108]寇亂也因而日趨嚴重。

如據《明世宗實錄》、《明史》的記載，當倭寇最猖獗的嘉靖三十年代，亦即楊宜擔任浙江總督時（三十四年六月至三十五年二月），曾遣鄭舜功赴日招諭倭寇，胡宗憲也在其擔任浙江巡撫的三十四年，遣蔣洲、陳可願等東渡日本諭其國王禁戢倭寇，並招還通商番犯（商），許立功免罪，且許其互市。經過一波三折以後，渠魁王直來歸，日本西陲諸侯源（大內）義長、義鎮等即遣人送還被掠人口，而直也爲表明其歸順之心跡，曾協助官軍剿倭。[109]直雖於三十八年十一月下旬被斬於杭州官巷口，卻可由此窺知當時中國人民期望開放海禁之殷切。至於渠魁徐海之所以聽撫，並曾協助官軍剿倭，他所期望者與王直並無二致，這可由《倭變事略》與《明世宗實錄》之相關記載獲得佐證。事實上，因右僉都御史塗澤民請開海禁，往販東西二洋，於隆慶元年（一五六七）開放部分海禁，允許在海澄以餉稅制方式對外貿易⑩後，寇亂便顯著減少。這種政策雖不完整，但以泉、漳爲中心的明人商舶卻因此發展。此可由海澄縣番商李福等的連名呈稱所謂：

本縣僻處海濱，田受鹹水，多荒少熟，民業全在舟販，賦役俯仰是資。往年海禁嚴絕，人民倡亂。幸蒙院道題請建縣通商，數十年來，餉足民安。⑪

及漳州府海防同知王應乾之呈稱所謂：

漳屬龍溪、海澄二縣，地臨濱海，半係斥鹵之區，多賴海市爲業。先年官司慮其勾引，曾一禁之。民靡所措，漸生邪謀，遂致煽亂，貽禍地方。迨隆慶年間，奉軍門塗右僉都御史議開禁例，題准通行，許販東西諸番。惟日本倭奴，素爲中國患者，仍舊禁絕。二十餘載，民生安樂。⑫

窺見其一斑。巡撫許孚遠也謳歌開禁兩洋後「幾三十載，幸大盜不作，而海宇晏如。」⑬所以明廷倘能早些開放人民出洋，不一味從事征剿，則明代倭寇當不致如史書所記那麼猖獗，也不致給國家社會帶來那麼大的傷害。

五、結　語

由上述可知，朝鮮半島上的倭寇，經高麗、朝鮮之相繼採取懷柔政策，利用政治折衝與充實軍備，尤其對渠魁勸導、獎勵他們的投降向化，授予官職，允許他們的通商貿易，以及給予土地，讓他們在內地居住等措施，對於消弭寇亂產生了相當大的效果。在這種情形之下，那些原在此一半島上肆虐的倭寇，有的一改過去的寇掠行爲，向當地政府投降，從而獲得衣服、糧食及賴以謀生的土地，然後在那裏定居；有的則獲授官職、冕服、告身等，使他們每年都有機會前往朝鮮貿易。有的以日本西陲豪族的使者身分，往來於日、朝兩國之間。朝鮮人雖稱他們爲使送客人、使送人或客人，其實都是追求貿易之利的商人，他們可能由倭寇轉變而來。⑭更有與使送倭人一樣的往來於兩國之間，從事貿易的，這類倭人被稱爲興利倭人或商倭、販賣倭人等。因朝鮮當局明白他們都出身倭寇，因此給予優厚的待遇，並且開放富山浦、乃而浦以爲其通商港埠，後來又增加鹽浦而放寬了限制。雖然如此，卻有部分寇盜仍操舊業，以劫掠爲事。惟他們竟將其寇掠目標轉移到中國沿海州縣，致萬千中國人身罹其殃。

朝鮮除採懷柔政策外，也曾於永樂十七年（一四一九）以兵船二二七艘，一萬七千人之大軍進攻倭寇淵藪——對馬島，此即所謂「己亥東征」，但僅十餘日即撤軍。⑮這次東征乃朝鮮太宗所策畫、實施的事件，係針對對馬而爲。此一軍事行動雖獲某一程度的效果，卻也因此引起可能會由此導致國內紊亂，與遭日本報復之危惧；就對馬而言，如與朝鮮斷交，則必使其經濟蒙受極大損失，所以無論朝鮮也好，對馬也好，彼此和平相處，方能兩蒙其利，否則都受其害。在此情形之下，日、朝兩國之間便產生以書契、文引、通信符來管制的統制貿易制度。結果，己亥東征以後的倭亂顯著減少，日人之前往朝鮮貿易者與日俱增。惟朝鮮對那些使送倭人須給予回賜，致在經濟方面造成負面影響，雖然如此，卻為防寇亂之再度萌生而將此一制度維持下去。

就明朝而言，在太祖之治世雖未能與日本建立邦交，將其納入中華體制之中，使其成為中華世界帝國之一員，然從惠帝建文三年開始，與明正式交通往來的結果，足利義滿便被太宗冊封為「日本國王」而向明稱臣納貢，直到義滿去世為止。在此一時期，明朝與日本之間的交通往來密切，義滿頗能應明廷要求緝捕倭寇與被擄中國男婦，故尚未釀成巨災。惟至義持與明斷交，尤其因寧波事件及葡萄牙人騷擾沿海地區而加強海禁以後，倭亂日趨猖獗。明廷為平定倭亂，非但不斷的遣兵調將，也還衍生因更迭靖倭督撫問題而來的人事傾軋。⑯

當我們翻閱《甓餘雜集》、《倭變事略》、《籌海圖編》、《嘉靖東南平倭通錄》、《明世宗實錄》、《明史》、《虔臺倭纂》等史乘可知，嘉靖三十年代的倭寇侵掠東南沿海地區時的規模是如何的大，當地居民的傷亡與夫財物的損失是如何慘重。在此情形之下，既使該地區的社會殘破，也使國家財賦受到嚴重影響。⑰

四十年以後，寇亂雖因武備逐漸充實，戰略進步而得以日益平靜，然日本豐臣秀吉之於統一全國後，對其子民之出國有所限制，也當起了若干作用。然就如前文所說，其使倭寇斂跡的根本原因，應該是於隆慶元年開放部分海禁，允許往販東西兩洋，人民得以從事對外貿易。不過這種只許往販東西兩洋，仍禁往日本的措施，並無法約束海商的行為，所以往市日本的私販船隻依然不絕。在那以後，明廷也曾再三發布通倭之禁。迄至萬曆四十年（一六一二），因浙江巡撫上奏，遂增加通倭海禁條文，其主要者見於王在晉的《海防纂要》。該禁則詳細規定主從人犯的罰則。通倭禁則愈是詳細、嚴密，便愈能反證往市日本之盛行。

明在崇禎五年（一六三二）頃，廢除餉稅制，又進入海禁時代。其實此事對明船下海通商的發展並無多大影響，而他們往市日本的情形亦復如此。⑱就因爲這樣，自明初以來實施二百餘年的海禁政策，除徒然衍生寇亂外，始終無法達到禁止人民下海的目的。

【註釋】

①：《朝鮮世宗實錄》（韓國國史編纂委員會刊本），卷一〇四，二十六年夏四月庚辰朔己酉條。

②：《高麗史節要》（漢城，亞細亞文化社，一九七二年七月，百部限定版），卷三〇，〈辛禑〉，元年秋七月條云：「諭全羅道元帥金先致誘殺藤經光。先致大具酒食，欲因餉殺之，謀緩而洩。經光率其衆浮海而去，僅捕三人，殺之。先致懼罪，詐報斬七十餘級。事覺，配戎卒。初，倭寇州郡，不殺人物，自是激怒，每入寇，婦女嬰孩，屠殺無遺。全羅、楊廣濱海州郡，蕭然一空」。

③：釋瑞溪周鳳，《善鄰國寶記》（續群書類從本），上，後光嚴院貞治六年（一三六七）丁未條。

④：《明太祖實錄》（本文所引用之《明實錄》爲臺北，中央研究院歷史語言研究所刊行之影印本），卷三八，洪武二年正月是月條。

⑤：參看鄭樑生，《明代中日關係研究》（臺北，文史哲出版社，一九八五年三月），第三章，〈明、日交通〉。

⑥：《高麗史》（漢城，亞細亞文化社，一九七二年九月，二百部限定影印本），卷三七，〈忠定王世家〉，二年二月條云：「倭寇固城、竹林、巨濟，合浦千戶崔禪，都領梁官等戰破之，斬獲三百餘級，倭寇之侵始此」。《高麗史節要》，卷二六，〈忠定王〉庚寅二年春二月條則云：「倭寇固城、竹林、巨濟等處，合浦千戶崔禪等戰破之。戰死者三百餘人，倭寇之興始此」。

⑦：《高麗史》，卷三九，〈恭愍王世家〉，二，七年秋七月壬戌(二十六日)條。

⑧：同前註所舉書，同卷，九年五月己酉(二十三日)條。

⑨：同前註所舉書，卷四〇，〈恭愍王世家〉，十三年三月丙戌(二十二日)條。

⑩：《高麗史》，卷四一，〈恭愍王世家〉，四，十五年五月乙巳（二十四日）條；《高麗史節要》，卷二八，〈恭愍王〉，三，同年同月條。

⑪《高麗史節要》，卷三〇，〈辛禑〉，一，元年十一月條。

⑫：同前註所舉書，同卷，二年秋七月條。

⑬：同前註所舉書，同卷，同年十一月條。

⑭：同前註所舉書，同卷，三年九月條。

⑮：同前註所舉書，卷二九，〈恭愍王〉，四，二十三年夏四月條。

⑯：同前註所舉書，卷三〇，〈辛禑〉，一，二年十二月條。

⑰：同前註所舉書，同卷，三年三月條。

⑱：同前註所舉書，同卷，三年五月條。

⑲：《明史》（臺北，鼎文書局，點校本），卷二〇五，〈朱紈傳〉、卷三二二，〈日本傳〉。

⑳：采九德，《倭變事略》（明天啓三年海鹽原刊本，鹽邑志林之一），卷一，嘉靖三十三年四月十二日條。

㉑：同前註所舉書，同卷同年五月初六日條。

㉒：同前註所舉書，卷二，嘉靖三十四年正月初三日條。

㉓：徐學聚，《嘉靖東南平倭通錄》（收錄於臺北，廣文書局所刊行《倭變事略》卷首，一九六七年十月），嘉靖三十七年條。

㉔：參看鄭樑生，〈明嘉靖間之寇亂與東南沿海地區的社會殘破〉，收錄於鄭著，《中日關係史研究論集》，第七輯（臺北，文史哲出版社，一九九七年二月），頁一六七～二一七。

㉕：參看鄭樑生，〈明東南沿海地區倭亂對明朝財賦所造成的影響——一五四九～一五六〇〉，收錄於鄭著，《中日關係史研究論集》，第七輯，頁一二七～一六六。

㉖：「彼此是非」，抱經樓藏本作「彼是此非」。

㉗：《明世宗實錄》，卷四二六，嘉靖三十四年九月癸巳朔庚子條。

㉘：同前註所舉書，卷四七四，嘉靖三十八年七月庚午朔戊子條。

㉙：談遷，《國榷》（北京，中華書局，一九八八年六月），卷六三，世宗嘉靖三十九年六月丙申朔壬寅條。

㉚：同前註。

㉛：《明史》，卷三，〈太祖本紀〉，三，洪武十七年春正月壬戌；二十年夏四月；卷九一，〈兵〉，三，「海防」條；卷三二二，〈日本傳〉。

㉜：唐順之，《荊川外集》，卷二，〈條陳海防事略疏〉（此疏並見於《明經世文編》，卷二五九）。

㉝：朱紈，《甓餘雜集》（明萬曆十五年序刊本），卷二，嘉靖二十六年十二月二十六日，〈閱視海防事疏〉（此疏並見於《明經世文編》，卷二〇五）。

㉞：同註三二。

㉟：同前註。

㊱：戚繼光，《紀效新書》（文淵閣四庫全書本），卷一六。

㊲：《明世宗實錄》，卷四二九，嘉靖三十四年閏十一月壬戌朔丁丑條。

㊳：同前註。

㊴：同註三三。參看卜大同，《備倭記》，及鄭若曾，《籌海圖編》（文淵閣四庫全書本），卷五～卷七。

㊵：《明史》，〈日本傳〉云：「明興，高皇帝即位，方國珍、張士誠相繼誅服。諸豪亡命，往往糾島人入寇山東沿海郡縣」。

㊶：鄭若曾，《籌海圖編》，卷八，〈寇踪分合始末圖譜〉。鄭舜功，《日本一鑑》（民國貳拾捌年商務印書館據舊鈔本影印本）〈窮河話海〉，卷七，「流逋」條。《明史》〈日本傳〉。

㊷：鄭若曾，《籌海圖編》，卷一二，〈經略〉，二，「散賊黨」條。

㊸：徐階，《世經堂集》(明萬曆間華亭徐氏刊本)，卷二，〈再答倭情〉。金安清，《東倭考》亦云：「大抵眞倭十之三，從倭者十之七」。谷應泰，《明史紀事本末》，卷五五，〈沿海倭亂〉。《明倭寇始末》。趙炳然，《趙恭襄文集》，卷二(《明經世文編》，卷二五三)，〈與徐存翁〉的說法與此大致相同。

㊹：薛應旂，《方山先生文錄》(明嘉靖三十三年東吳書林校刊本)，卷一九，〈正名篇〉。

㊺：參看鄭樑生，〈明嘉靖間靖倭督撫之更迭與趙文華之督察軍情——一五四七～一五五六〉，收錄於鄭著，《中日關係史研究論集》，第七輯，頁七九～一二六。

㊻：《高麗史》，卷四一，〈恭愍王世家〉，四，十五年十一月壬辰（十四日）條。該〈牒狀〉之全文見於《太平記》(續群書類從本)〈高麗人來朝の事〉。參看中村榮孝，《日鮮關係史の研究》，上(東京，吉川弘文館，昭和四十五年五月)，頁一四三～一四五。

㊼：《高麗史》，卷四一，〈恭愍王世家〉，四，十七年秋七月條云：「乙亥(七日)，日本遣使來聘。……己卯(十一日)，對馬島萬戶遣使來獻方物」。閏月(九月)條則云：「遣講究使李夏生于對馬島」。冬十一月丙午(九日)條更云：「對馬島萬戶崇宗慶(宗經茂)遣使來朝，賜宗慶米一千石」。參看中村榮孝，前舉書，上冊，頁一四五。

㊽：參看《高麗史》，卷四四，〈恭愍王世家〉，七，二十二年十月丁丑(九日)條。卷八三，〈兵志〉，三，「船軍」，二十二年條；二十三年正月條；卷一一三，「鄭地傳」；卷一一五，「禹玄寶傳」等。

㊾：《高麗史節要》，卷三〇，〈辛禑〉，一，元年二月條。

50：《高麗史》，卷一一四，〈羅興儒傳〉。《高麗史節要》，卷三〇，〈辛禑〉，元年二月條；二年十月條。《東寺文書》。《愚管記》，永和元年（一三七六）五月三日條。

51：《高麗史》，卷一三三，〈辛禑傳〉，三年六月條。

52：同前註所舉書，同卷，同傳，同年八月條。《高麗史節要》，卷三〇，〈辛禑〉，一，同年同月條。中村榮孝，前舉書，頁一四六。

53：《高麗史》，卷一一七，〈鄭夢周傳〉；卷一三三，〈辛禑傳〉，四年五月條。《高麗史節要》，卷三〇，〈辛禑〉，一，四年八月條。

54：《高麗史》，卷一一三，〈鄭夢周傳〉；卷一三三，〈辛禑傳〉，三年九月、四年七月條。《高麗史節要》，卷三〇，〈辛禑〉，四年秋七月條。

55：《高麗史》，卷一一四，〈河乙沚傳〉；卷一三三，〈辛禑傳〉，四年十月、五年五月條。閏五月條記以尹思忠爲報聘使，使之前往日本。《高麗史節要》，卷三〇，〈辛禑〉，一，四年冬十月；卷三一，〈辛禑〉，二，五年閏五月、秋七月條。

56：參看田中健夫，《倭寇と勘合貿易》（東京，志文堂，昭和四十一年十一月），頁二八～二九。

57：《高麗史節要》，卷二七，〈恭愍王〉，二，七年夏四月條云：「都評議使司啓：『近因倭寇，漕運不通，百官俸祿不給。請自今諸封伯已行侍中者，從宰樞科，其餘伯依異姓諸君科。』從之」。

58：《明太祖實錄》，卷二二三，洪武二十五年十二月丁未朔乙酉條云：「高麗權知國事李成桂，欲更其國號，遣使來請命。上曰：『東夷之號，惟朝鮮之稱最美，且其來遠矣，宜更其國號曰朝鮮』」。

(59)：《高麗史》，卷三一，〈百官志〉，二，「諸司都監各色・火捅都監」條。《朝鮮太祖實錄》（本文參考、引用之《朝鮮實錄》爲韓國國史編纂委員會刊行之太白山史庫本影印本），卷七，四年四月甲子朔壬午條。

(60)：《高麗史》，卷一一六〈朴葳傳〉；卷一三三，〈辛禑傳〉，辛昌元年二月條。

(61)：參看中村榮孝，《日鮮關係史の研究》，上，頁一四九。

(62)：釋瑞溪周鳳，《善鄰國寶記》，明德三年（一三九二）壬申十二月廿七日，〈答朝鮮書〉。

(63)：《隋書》，卷八一，〈東夷傳・倭國傳〉。

(64)：《朝鮮太祖實錄》，卷三，二年六月乙亥朔庚寅條。

(65)：同前註所舉書，卷五，三年五月己亥朔丙寅條；卷六，三年冬十月丁卯朔丁丑條。

(66)：同前註所舉書，卷八，四年秋七月壬辰朔辛丑條。

(67)：參看中村榮孝，前舉書，頁一四九～一五〇。

(68)：《朝鮮太宗實錄》，卷一八，九年十二月戊戌朔乙丑條。

(69)：同前註所舉書，卷二四，同年冬十月癸丑朔己巳條。

(70)：同前註所舉書，卷三二，十六年八月庚申朔壬午條。

(71)：田中健夫，《倭寇と勘合貿易》，頁三二～三三。

(72)：《朝鮮太祖實錄》，卷一四，七年五月丁未朔辛未條。

⑬：《朝鮮太宗實錄》，卷一，元年正月辛酉朔乙酉條。
⑭：同前註所舉書，卷三五，十八年三月辛亥朔壬子條。
⑮：《朝鮮太祖實錄》，卷一〇，五年十二月乙巳、丙午條。疚六除獲授宣略將軍之職外，明年二月甲申朔辛亥又獲賜米三十石，豆二十石，伴人二名，衣、笠各一件；十月己卯朔丙戌復獲賜米、豆五十石。
⑯：同前註所舉書，卷一一，六年夏四月癸未朔己酉條。
⑰：《朝鮮太宗實錄》，卷二六，十三年八月丁未朔甲寅條。
⑱：同前註所舉書，卷二三，十二年六月甲寅朔甲戌條。
⑲：同前註所舉書，卷三〇，十五年冬十月乙丑朔庚辰條。
⑳：同前註所舉書，註三三，十七年五月丙戌朔己丑條。
㉑：《元史》（臺北，鼎文書局，點校本），卷四六，〈順帝本紀〉，九，至正二十三年條云：「八月丁酉朔，倭人寇蓬州，守將劉暹擊敗之。自十八年以來，倭人連寇瀕海郡縣，至是海隅遂安」。《新元史》（臺北，鼎文書局點校本），卷二六，〈惠宗本紀〉，四，同年同月同日條則云：「日本人寇高麗，蓬州守將敗之」。
㉒：《明史》，卷二，〈太祖本紀〉，二，洪武二年春正月是月條。
㉓：鄭曉，《吾學編》（明隆慶元年原刊本）〈四夷考〉，上卷，「日本」條。
㉔：參看《元史》〈食貨志〉。
㉕：鄭樑生，《明代中日關係研究》，頁一六二～一六三。

㊱：萬曆重修《大明會典》(文淵閣四庫全書本)，卷一〇五，「日本國」條。釋瑞溪周鳳，《善鄰國寶記》，應永十三年(一四〇六)〈大明書〉。

㊲：釋瑞溪周鳳，《善鄰國寶記》，應永十一年(一四〇四)〈大明書〉。

㊳：同前註所舉書，應永十四年(一四〇七)〈大明書〉。

㊴：佐久間重男，〈永樂帝の對外政策と日本〉收錄於《北方文化研究》，二。

㊵：同前註。

㊶：鄭樑生，《明代中日關係研究》，頁一八八。

㊷：有關足利義持與明斷交的因由，請參看前註所舉拙著，頁一九〇～一九四。

㊸：同前註。

㊹：釋瑞溪周鳳，《善鄰國寶記》〈文明二年(一四七〇)龍集庚寅臘月二十三日臥雲八十翁瑞溪周鳳書於善鄰國寶記後〉。

㊺：同前註。津田昇，《日本貿易の史的考察──古代から現代まで》(外國爲替貿易研究會，昭和四十五年四月)。森克己，〈大陸貿易の消長〉，收錄於《日本史概說》(東京，吉川弘文館，一九六二年四月，改訂版)。

㊻：佐々木銀彌，〈東アジア貿易の形成と國際認識〉，收錄於岩波講座《日本歷史》，七，中世，三(東京，岩波書店，一九七六年四月)。

㊼：朱紈，《甓餘雜集》，首卷，〈自序〉。《明世宗實錄》，卷三二四，嘉靖二十六年六月庚辰朔癸卯條。《明史》，

卷二〇五，〈朱紈傳〉，卷三二二，〈日本傳〉。

⑱：參看朱紈，《甓餘雜集》，及鄭樑生，〈明嘉靖間浙江巡撫朱紈執行海禁始末〉，收錄於鄭著，《中日關係史研究論集》，第五輯（臺北，文史哲出版社，一九八五年四月），頁一～三四。

⑲：徐學聚，《嘉靖東南平倭通錄》，嘉靖三十一年四月條。

⑳：參看《明世宗實錄》，卷三八七，嘉靖三十一年七月辛巳朔己亥條。《明史》，卷二〇五，〈王予傳〉；卷三二二，〈日本傳〉。

⑩①：《明史》〈日本傳〉。

⑩②：《明史》，卷二〇五，〈胡宗憲傳〉；卷三二二，〈日本傳〉，嘉靖三十五年條。參看鄭樑生，《明嘉靖間靖倭督撫之更迭與趙文華之督察軍情》，收錄於鄭著，《中日關係史研究論集》，第七輯，頁七九～一二六。

⑩③：《明世宗實錄》，卷四一九，嘉靖三十四年二月丙寅朔庚寅條。

⑩④：同前註所舉書，同卷同年同月丙戌條。

⑩⑤：同前註所舉書，卷四二五，三十四年八月癸亥朔壬辰；卷四二六，同年九月癸巳朔乙未；卷四二七，同年十月壬戌朔丙子等條。

⑩⑥：《明英宗實錄》，卷二八七，天順二年二月庚寅朔丁丑條云：「司禮太監福安奏：……『永樂、宣德間，屢下西洋，收買黃金、珍珠、寶石諸物，今停止三十餘年，府藏虛竭。請遣內官於雲南等處，出官庫銀貨收買上納。』從之」。

(107)：《明武宗實錄》，卷一四九，正德十二年五月己亥朔辛丑條云：「先是，兩廣姦民私通番貨，勾引外夷，與其貢者混以圖利。招誘亡命，掠賣子女，出沒縱橫，民受其害。參議陳伯獻請禁治之。其應供番夷，不依年分，亦行阻回。至是，右布政使吳延舉，巧辯興利，請立一切之法。撫按官及戶部，皆惑而從之」。張維華，《明代海外貿易簡論》（上海，三聯書店，一九五五年九月），頁三九。

(108)：主張厲行海禁的，如歸有光，《歸太僕文集》（明崇禎刊明經世文編本）〈論禦倭書〉所云：「議者又謂宜開互市，弛通番之禁，此尤悖謬之甚者。百年之寇，無端而至，誰實召之？元人有言：『古之聖王，務修其德，不貴異物』。今往往遣使奉朝旨，飛泊浮海，以喚外夷互市，是利于遠物也，遠人何能格哉！此在永樂之時，嘗遣太監鄭和一至海外，然或者已擬其非祖訓禁絕之旨矣。況亡命無籍之徒，違上所禁，不顧私出外境下海之律，買港求通，勾引外夷，釀成百年之禍。紛紜之論，乃不察其本，何異揚湯而止沸，其不知其何說也。唯嚴爲守備，扃海龍堆，截然夷夏之防，賊無所生其心矣」。就是好例。參看張維華，前舉書，頁四〇～四一。

(109)：有關王直協助官軍征剿倭寇事，請參看采九德，《倭變事略》，卷四，附錄，王直，〈自明疏〉，及《明世宗實錄》，卷四三四，嘉靖三十五年四月己丑朔甲午；卷四三五，同年五月戊午朔乙亥；卷四三七，同年七月丁巳朔戊午各條。

(110)：參看小葉田淳，〈明代漳泉人の海外通商發展——特に海澄の餉稅制と日明貿易について——〉，收錄於《東亞論叢》，四；《中世南島通交貿易史の研究》（東京，刀江書院，昭和四十三年九月），頁三五九。

(111)：許孚遠，《敬和堂集》，卷一，〈海禁條約分行漳南道〉。

⑿：同前註。

⒀：同前註。

⒁：田中健夫，《倭寇と勘合貿易》，頁三二。

⒂：《朝鮮世宗實錄》，卷四，元年五月乙巳朔戊午；六月甲戌朔乙亥、癸巳、壬寅；七月甲辰朔己酉、戊午、庚辰、癸亥、乙丑；卷五，同年八月癸酉朔壬申、癸亥各條。

⒃：有關嘉靖三十年代靖倭督撫之更迭問題，請參看前舉拙著，〈明嘉靖間靖倭督撫之更迭與趙文華之督察軍情〉。

⒄：有關嘉靖間東南沿海地區社會殘破的情形，與此一時期倭亂對國家財賦所造成之影響問題，請參看前舉拙著，〈明嘉靖間之寇亂與東南沿海地區的社會殘破〉，及〈明東南沿海地區倭亂對明朝財政所造成之影響〉。

⒅：《明神宗實錄》，卷四九六，萬曆四十年六月甲子朔戊辰條。

明廷對琉球貢使的處置

一、前　言

明代的對外關係，乃「貢船與市舶，一事也。」①它只許四鄰各國從事朝貢貿易，不許外國商賈來華自由互市；同時也嚴禁國人往販海外而「片板不許下海」。②此種海禁確立於洪武年間（一三六八～一三九八）。如從中華世界帝國方面言之，朝貢貿易乃誇示中華的理念，施恩於四鄰番夷，使之臣服；四夷則因貢方物而可獲偌大的物貨賞賜，從而滿足其經濟欲望。③

明帝國之能夠成為東亞世界的中心，即其本身臻於極盛期之象徵，此乃由於中國的富裕與其生產力能夠承受這種負擔的關係。十四世紀七十年代的琉球，在東亞通商貿易舞台上所作活動，對明與東亞其他各國一樣，係在明的冊封體制下，從事官方的、多元的交通貿易，與日本之對華從事一元的貢舶貿易有異。因此，琉球一方面與日本、朝鮮、東南亞各國站在相同立場，朝貢於明而構成其冊封體制之一翼，一方面又承擔、掌握明、日本，及東亞之轉口貿易。④

琉球之派遣貢使來華，始於洪武五年（一三七二）朱元璋遣行人楊載持詔往諭中山王。以後不久的同年十二月，明朝對琉球王國之遣使來華朝貢，在貢期、船數、人數方面，與對其他各國一樣有所規定，並且對其貢使一行的待遇、活動等，也都訂有詳細辦法。在明代來華的琉球貢使之若干行爲，曾經給明朝政府造成困擾。因此，本文擬以前賢之研究成果爲基礎，將明廷對琉球貢使所採取的種種措施作爲考察之重點，但對於明廷給與該國國王、王妃、正副使等的賞賜問題，則因筆者已在〈明代中琉兩國封貢關係的探討〉⑤一文中，根據《明實錄》、《大明會典》、《皇明外夷朝貢考》等所記載的資料列表說明，所以不擬在此贅言。

二、明廷對琉球貢使的規定

推翻異族統治，復建漢人王朝的明太祖朱元璋，係以傳統的儒家思想爲基礎，採取復古方針，並根據「中華之主」即「世界之主」之天下的世界觀，來規定對外關係的秩序。⑥太祖謂：「覆載之間，蕃邦小國多矣，有能知天命，守分限，不恃險阻，修禮事上，以保生民，未有不綿延其國祚」。⑦又謂：「夷狄奉中國，禮之常經，以小事大，古今一理」。⑧以爲海外諸國順天命，守分限，以小事大，即是華夷之分，如此，才合乎中國之禮，此乃將國內封建的身分關係——君臣之分，擴及於對四夷各國之君長關係，來替代世界的秩序。⑨非僅如此，他復對來貢各國「班（頒）示《大統曆》，俾奉正朔」，他的這種作法，乃意味四夷君長與中國皇帝之藩屬關係，或臣屬關係，而太祖即是立足於此中國傳統的世界觀上，擬重編新王朝與四夷之間的關係。⑩

明太祖於其建國以後的洪武二年正月，遣使以即位詔諭日本、占城、爪哇、西洋諸國。⑪翌年，置市舶提舉司於寧波、泉州、廣州，以備日本、琉球、暹羅及西洋各國來貢。五年二月，復命行人楊載往諭琉球，促其來貢。⑫同年十二月，該國中山王響應此一號召遣使來華，與明正式建立主從關係。此一關係，不僅終明之世未曾間斷，還持續到清末該國被日本兼併爲止。因琉球來貢時與其他各國貢使一樣，須遵守明朝的種種規定，因此，本節擬就其貢期、上京路線、筵宴、廪給口糧之支給方式等問題加以考察。

1 貢期

明朝實施貢舶貿易後曾於洪武十六年（一三八三）首次將勘合頒給海外各國。如據《大明會典》、《皇明外夷朝貢考》的記載，當時頒給勘合的國家有暹羅、日本、占城、爪哇、滿剌加、眞臘、蘇祿同岷王、蘇魯國東、蘇魯國西、柯支、勃泥、錫蘭山、古里、蘇門答剌、古麻剌等，而朝鮮、琉球兩國不給勘合。《皇明外夷朝貢考》，卷下，〈朝貢〉，「外國四夷符勅勘合沿革事例」云：

> 凡各國四夷來貢者，惟朝鮮素號秉禮，與琉球國入賀謝恩，使者往來，一以文移相通，不待符勅、勘合爲信。

亦即朝鮮、琉球兩國最能盡禮節，態度誠懇而文移相通，所以不須符勅、勘合。因此，有關勘合方面的問題，在此姑且不談。

明政府對海外諸國來貢，在貢期方面有所限制，對琉球亦然；太祖以為：「番邦遠國，則每世一朝，其所貢方物，不過表誠敬而已」。⑬因此，在洪武七年三月，以高麗近中國，有文物、禮樂而與他國不同，可執三年一聘之禮，如欲每世一見，亦從其意。對占城、安南、西洋瑣里、爪哇等國家，則言其入貢頻繁，勞費甚多，乃通知他們宜遵古制，無須頻頻入貢。⑭故乃對各國之貢期有所規定，而定琉球二年一貢。《大明會典》，卷一〇五，〈禮部〉，六三，〈琉球國〉條云：

祖訓：大琉球國朝貢不時，王子及陪臣之子，皆入太學讀書，禮待甚厚，小琉球國不通往來，不曾朝貢。按：琉球國有三王，洪武初，中山王察度，山南王承察度，山北王帕尼芝，皆遣使奉表箋，貢馬及方物。十六年，各賜鍍金銀印。二十五年，中山王遣子侄入國學，以其國往來朝貢，賜閩人三十六姓善操舟者。永樂以來，國王嗣立，皆請命冊封，後惟中山王至。中山王，世稱尚氏。諭令三年一貢，每船百人，多不過百五十人，貢道由福建閩縣。

可見明朝規定琉球國二年一貢，貢使須由福建登陸。館穀該國使節的機構為泉州柔遠驛（成化七年以後改在福州懷遠驛——琉球館）。

琉球來貢時的業務由泉州市舶提舉司經辦。⑮該市舶司職員有冠帶土通事，看廠、看廠園頭、柔門(遠)驛門子等。所謂冠帶土通事，就是通曉外國語言的通事，編制員額四人，嘉靖三十五年（一五五六）減為三人。牙行就是周旋於買主與賣主之間的掮客，此制非濫觴於明代，但鄭舜功云：

備考：始設於永樂之初。四夷來朝，上許順帶土產互市，而恐奸民欺騙，有失遠人向化之心。遵照國初事例，於浙江、福建、廣東各設市舶提舉司，以隸各布政使司。隨設正副提舉、吏目之官，部頒行人專主貢夷交易。⑯

行人，指官設牙行⑰，明代牙行均爲官設，不許私牙存在，⑱牙行曾於洪武年間見廢，然因對外貿易不能無牙行，所以旋又復設。⑲

牙行由有抵業者擔任，官給印信文簿，附與官商船戶住貫姓名，路引字號，貨物數目，每月赴京查點。私充者杖六十，所得牙錢入官。如有容隱者，笞五十革去，⑳而嚴格規定其職責，以防其營私舞弊。泉州的牙行原有二十四名，各年員額不同，嘉靖（一五二二～一五六六）末年則僅有五名而已。㉑

由牙行經手之交易多爲賒買，當買主決定擬購物品數量及擬付價格後，就委託牙行購買，牙行從而獲得佣金。因此，他們利用職務，官商勾結，做出有損外國商人利益之事不少，此事容於後文再提。看廠則爲解送方物的殷實戶，即資本雄厚的運輸業者。看廠園頭在泉州爲一名，由閩縣均課徭夫銀僉撥。柔遠驛門子二名。以均徭銀雇用。㉒

2 貢道

初時，福建的市舶司雖設於泉州，然在成化七年（一四七一）以後改置福州。改置福州的原因可能在於該國入貢頻繁，而且便於利用季風往返之故。如據夏子陽《使琉球錄》的記載，則「去必仲夏乘西南風也，回必孟冬乘東北風也」。「自福州梅花所開洋，風順六七晝夜至，否則淹蕩且逾旬矣」。

由此觀之，自福州梅花所（閩江海口）至琉球，順風約一週可達，否則須十日以上。鄭若曾的〈福建駛往大琉球針路〉記載著中國使船前往琉球的針路，其所需日程與夏子陽的紀錄大致相同。惟如天氣不好，則其所需時間便自然增加，此可由陳侃、郭汝霖等的記錄窺見其一端。

琉球貢使之陸上貢道雖從福建閩縣起程，然因筆者涉獵之資料有限，迄今尚未發現明代琉球貢使自閩縣往返京師的路線。但陳捷先教授曾經根據魏學源的〈福建進京水陸路程〉，與日本平和彥對此〈路程〉所作整理與實地勘訪結果所作改訂，舉出清代琉球使節自閩縣至北京橫街四驛的驛站名，及各驛站間的里程。如將此驛站名與日本貢使策彥周良在嘉靖十八年（一五三九），以副使身分來華時所寫日記《初渡集》之〈驛程錄〉作比較，則〈驛程錄〉所記日本貢使往返北京的路線雖從寧波開始，但其自杭州北方的武林至京城的路線與〈路程〉所記載者大致相同。惟策彥周良的記載遠較魏學源詳盡，前者所記地名凡六十驛，後者則僅三十五而已。㉓雖然如此，我們卻可由此得知，琉球貢使往返京師時，其在杭州以北的路段與日本貢使相似，係沿著運河上下的。

3 筵宴

琉球貢使住進柔（懷）遠驛後，於起京前後共接受兩次筵宴。如據日本貢船的成員所作紀錄《笑雲入唐記》的記載，這兩次筵宴均在他們住宿的安遠驛之勤政堂舉行。宴會時，以太監陪宴爲慣例，有時則由地方官代理。例如景泰四（一四五三）、五年係由似爲太監的陳氏與知府接待。㉔正德六年（一五一一），以了庵桂悟來貢之際，原應由太監正四品接待，卻以通判正六品、提舉正五品代理，了庵乃分別上書給三司、御史，以此為不合舊規而提出抗議。㉕嘉靖十八年（一五三九）九月十九日，雖援例於起京前設宴，因三府提舉司代太監陪宴，所以副使策彥周良乃上短疏給主司、御史，亦抗議此為不合舊規。㉖明廷既於安遠驛設宴款待日本貢使，對琉球貢使亦不例外。高岐，《福建市舶提舉司志》云：

> 提舉司據差來夷官呈請筵宴緣由，備申布政司行福州府閩、侯、懷三縣，照依舊規辨（辦）宴於都司堂。上宴，待掌印都司一員主宴，三衛排列隊伍防範。次日，夷使各謝衙門。酒席畢，土通事帶領回驛。

可證琉球貢使回國之際，也為他們設宴餞行之事，亦可由高岐《福建市舶提舉司志》所記「照前宴待」得而知之。由上文觀之，在市舶提舉司舉行的筵宴，日本貢使例由太監接待，琉球貢使則由待掌印都司主宴。此太監之品秩為正四品。都司，《明史》〈職官志〉，五，雖只言其「掌一方之軍政，各率其衛所以隸於五府，而聽於兵部。凡都司并流官，或得世官，歲撫，按察其賢否，五歲考選軍政而廢置之」而未言其品秩，故難知其身分屬那一階層，惟就其言「掌一方之軍政」觀之，其地位似不低於正四品的太監。

琉球貢使與其他各國使節一樣，當他們抵京師後，與在柔（懷）遠驛時一樣，可獲賜兩次筵宴。《大明會典》，卷一一四，〈管待番夷土官筵宴〉條，對在北京舉行之賜宴有如下記載云：

> 凡諸番國及四夷使臣土官人等進貢，例有欽賜筵宴一次二次。禮部預開筵宴日期，奏請大臣一

員待宴，及行光祿寺備辦，於會同館管待。教坊司用樂，鴻臚寺令通事及鳴贊供事，儀制司領宴花，人一枝。若使臣數多，分二日宴。如遇禁屠齋戒，移後三四日舉行。

琉球與朝鮮、占城、爪哇、暹羅等國家一樣，筵宴兩次，明廷對筵宴的菜肴有所規定。同書同卷〈筵宴番夷土官卓面〉條云：

洪武二十六年，每正一卓果子五色，按酒五色，湯三品，小割正飯用羊。永樂元年，上卓：按酒五般，果子五般，燒碟五般，茶食，湯三品，雙下大饅頭，羊肉飯，酒七盅。中卓：按酒、果子各四般，湯二品，雙下饅頭，牛馬羊肉飯，酒五盅。天順元年，上卓：高頂茶食，雲子麻葉，大銀錠油酥八個，棒子骨二塊，鳳鵝一隻，小銀錠笑靨二碟，茶食，果子、按酒各五般、米糕二碟、小饅頭三碟，菜四色，花頭二個，湯三品，大饅頭一分，羊背皮一個，添換小饅頭一碟，按酒一般，茶食一碟，酒七盅。中卓：寶妝茶食，雲子麻葉二碟，甘露餅四個，炸魚二塊，大銀錠油酥八個，小銀錠笑靨二碟，果子、按酒各五般，菜四色，花頭二個，湯三品，馬肉飯一塊，大饅頭一分，添換小饅頭一碟，羊肉一碟；茶食一碟，酒七盅。下卓：寶妝茶食，大銀錠油酥八個，炸魚二尾，果子、按酒各四般，菜四色，湯三品，馬肉飯二塊，大饅頭二分，酒七盅。

可見對設宴場所，遣大臣陪宴，負責準備單位，及料理內容都有詳細規定。值得注意的是其酒菜內容與數量因時代之不同而有異，且其酒食有上、中、下之分，此或因國家之不同而賞賜有別。賜與琉球的究竟是哪一種，則不可得而知之。弘治十年（一四九七），下令於會同館宴待夷人時，要派禮部屬官一員，光祿寺正官一員巡看，務要桌面豐腆，酒味眞正。宴畢，待宴大臣宣布朝廷優待至意，回還之後，各守恭順，管束部落，不得生事擾邊，自取滅亡。㉗

《大明會典》卷一一四又記錄著吐魯番、滿剌加、日本以下諸國的賜宴規定，並言後來隨時改制，所以賜宴場所與酒食內容，當因時代之不同而有異。

貢使離京之際，明廷要爲他們舉行「上馬宴」餞行，策彥周良《再渡集》，嘉靖二十八年七月二十七日記錄該宴會之情形云：

辰刻，赴上馬宴，就會同館。堂內橫額「萬國來同」四大字。飾天子座。各向此座一拜三扣（叩）頭。次向大太監國公面前先跪，起來四拜，又跪。次向知事四拜。長安街頭觀者如堵。

覲見典禮的筵宴方式可能與此相同。舉行上馬宴之翌日，貢使們爲謝恩再度進宮，㉘此似與賜宴時的情形相同，是一種慣例，而琉球貢使所受待遇，亦復如此。

4 廩給、口糧

廩給與口糧，乃明廷支給貢使的重要項目之一，所謂廩給，就是給與幹部的，口糧則爲給與隨從人員在華期間之日常生活必需品。這項支給從他們登陸福建起，至在華完成一切任務揚帆東返爲止。其往返京城途次的供應，係根據《大明會典》〈驛傳〉條的規定，由各驛支應，萬不得已時，則於次驛連前驛分一并支給。其支給內容分「常例下程」與「欽賜下程」兩種。該書卷一一五，〈番夷土官

〈使臣下程〉條云：

凡諸番國及四夷土官使臣人等進貢等項，到會同館俱有常例，并欽賜下程。禮部奏准通行，光祿寺支送。其欽賜下程一次者，仍支常例下程。或五日十日一次者，常例下程住支，若已經給賞兩月之外不行回還者，住支下程。

由此觀之，此項支給，至多不逾兩個月。凡送夷人下程時，光祿寺差其屬官一員管押至會同館，由主事處驗給。㉙其〈常例下程〉云：

五日每正一名，豬肉二斤八兩，乾魚一斤四兩，酒一瓶，麵二斤，鹽、醬各二兩，茶、油各一兩，花椒二錢五分，燭每房五枝。以上下程，若奉旨優待，不拘此例。

又，每人日支肉半斤，酒半瓶，米一升，蔬菜、廚料。

〈欽賜下程〉則云：

野人女直都督，下程一次，每人鵝一隻，雞二隻，酒二瓶，米二升，麵二斤，果子四色，蔬菜、廚料。

琉球雖與日本、滿剌加、錫蘭以下十九國同爲「五日下程一次」，但似非固定如此。就日本貢使而言，如據《初渡集》的記載，則除此「下程」外，策彥周良一行尚以廩給名義，在杭州與寧波之間具領米、鹽、醬、菜、酒、雞、蛋、鹿、鯗等物。又，他們在沿途領受的廩給、口糧似有定額，不因逗留日期之長短而有所變動。

三、貢品與附搭物件的處理

1貢品

明廷對四鄰各國所貢方物訂有一定的處理辦法。《大明會典》，卷一〇八，〈禮部〉，六六，「朝貢通例」云：

洪武二十六年定：凡諸番國及四夷、土官人等，或三年一朝，或每年朝貢者，所貢之物，會同館呈報到部，主客部官赴館點檢見數。遇有表箋，移付儀部。其方物分豁進貢，上位若干，殿下若干，開寫奏本，發落人夫管領，先具手本開領內府勘合，依數塡寫。及開報門單，於次日早朝照進內府，或於奉天門，或奉天殿丹陛，或華蓋殿及文華殿陳設，本部正官啓奏進納。若遇慶賀聖節、正旦，貢獻之物初到，即以數目具本奏聞，物候至日通進。

又如據同書同卷〈貢物〉條的記載，明廷對各國所進貢方物的處理方式，係根據其物品內容而定。亦即：

凡進金銀器皿、珍寶、段匹之類，須同貢獻之人驗視明白，具寫奏本，仍以器具裝盛，或黃袱封裹，分撥館夫，一同貢獻之人收管。先期一日開塡勘合，開報門單，次日早照進內府，於殿前丹陛等處陳設，一一交付長隨內使收受。

凡進蘇木、胡椒、香臘、藥材等物萬數以上者，船至福建、廣東等處，所在布政司隨即會同都司、按察司官檢視物貨封艙完密聽候。先將番使起送赴京，呈報數目。除國王進貢外，番使人伴附搭買賣物貨，官給價鈔收買，然後布政司仍同各衙門官，將貨稱盤見數，分豁原報附餘數目，差人起解前來，禮部委官，及户部、都察院委官會同差督人夫，運進承運等庫稱盤入庫。

惟至後來又規定：

凡外國朝貢，惟朝鮮國所進方物陳設奏進，其餘俱該司驗過。具題得旨，開具手本送右順門（歸極門）內府各衙門交收。至於所貢藥材等物，則逕從禮部具題送歸極門交收。蘇木、胡椒、硫黃，則多解南京禮部。馬就於福建發缺馬驛站走遞，磨刀石發福建官庫收貯。㉚各國所貢方物不給價，只予回賜品，琉球亦不例外。㉛

如據《歷代寶案》，七之三，萬曆二十三年五月二十三日的紀錄，則同年來華的正議大夫鄭禮等乘坐之貢船所載方物的驗收，其硫黃係銷煎成餅後解送南京該庫而得批回附卷。同書七之七，萬曆二十八年六月一日所記二十七年來貢的長史鄭道一行之貢品中，馬發福建驛，槍、刀、甲、盔、螺等，則於使臣上京時一起運往北京；硫黃、夏布等物，則收貯于南京，於搬運之際，由福州衛指揮江廉領解，繳納南京禮部。因此，琉球貢品實際收繳處，與前舉《大明會典》所錄列之規定相符。

2 附搭物件

《大明會典》，卷一一三，〈給賜番夷通例〉所記「洪武二十六年定」，有關收購附搭物件的原則云：

凡遠夷之人，或有長行頭匹及諸般物貨，不繫貢獻之數，附帶到京，願入官者，照依官例具奏，關給鈔錠，酬其價値。

有關明代中琉兩國的貿易問題，小葉田淳教授在其《中世南島交通貿易史研究》中已有詳盡的論述，筆者在《明代中日關係研究》一書，及〈明代中琉兩國封貢關係的探討〉一文中亦已提及，故在此僅就《大明會典》，卷一〇五，〈禮部〉，六三，「琉球國」條所列該國貨物，及同書卷一一三，〈禮部〉，十一，「給賜番夷通例」所見，明廷在弘治年間（一四八八～一五〇五）所規定各種番貨之價格來看其對琉球的給價情形。

馬；刀，每把三貫；金銀酒海；金銀粉匣；瑪瑙；象牙，每斤五百文，暹羅十貫；螺殼；海巴；擢子扇；泥金扇；生紅銅、錫，每斤五百文；琉球八貫；生熟夏布；牛皮；降香，每斤五百文；暹羅十貫；木香，每斤三貫；速香，每斤二貫；丁香，每斤一貫；檀香、黃熟香，每斤一貫；暹羅十貫；蘇木，每斤五百文；琉球十貫，暹羅五貫；烏木，每斤五百文；暹羅、滿剌加俱四十貫；胡椒，每斤三貫，琉球三十貫，暹羅二十五貫，滿剌加二十貫；硫黃；磨刀石。

上舉琉球二十五種貨物中，只有十一項列出價格，其餘十四項未列。但如就《明英宗實錄》，卷二三六，景泰四年十二月癸卯朔甲申條所舉「宣德八年賜例」，則明廷對宣德五年來貢的日本貢使龍室道淵一行所帶貨物之收購價格是：

蘇木；硫黃，每斤鈔一貫；紅銅，每斤三百文；刀、劍，每把十貫；槍，每條三貫；扇每把、火筋每雙，俱三百文；抹全（金）銅銚，每個六貫；花硯每個、小帶刀每把、印花鹿皮每張，俱五百文；黑漆、泥金、洒金、嵌羅甸花大小方圓箱盒并香參等器皿，每個八百丈（文）；貼金、洒金硯匣并硯，銅水滴，每副二貫。

由此，既可知當時的日本船載之貨物種類與其價格，也可從而推知琉球貢使所帶生紅銅、折扇、泥金扇、硫黃等的給價情形。至於其他貨物的價格則不得而知。在此值得注意的是：即使同種貨物，卻因國家之不同而價格有異。例如：錫的價格雖規定每斤五百文，但給琉球八貫而差距頗大；蘇木定價每斤五百文，但給琉球十貫，暹羅五貫；胡椒則定價每斤三貫，卻給琉球三十貫，暹羅二十五貫，滿刺加二十貫。這種給價方面的差異，到底是根據物貨的良窳，抑或由於國家不同？此一問題，實猶可待考證。

當時明廷所收購之貨物爲品質良好的，不收購者則令自行貿易。如願入官，則亦給予相當價格。《禮部志稿》，卷三六，〈會同館〉條云：

洪武二十六年定；凡遠夷之人，或有長行頭匹，及諸般物資，不係貢獻之數，附帶到京，願入官者，照依官例俱奏，酬其價值。

《明世宗實錄》，卷一四七，嘉靖十二年甲戌朔癸巳條則云：

凡外夷進貢方物，邊臣驗上其籍，禮部按籍收進給賞；其籍所不載，例准自行貿易。貢事既竣，即有餘貨，責令帶歸。欲入官者，部爲奏聞給鈔。正德末，黠夷猾胥，交關罔利，乃有貿易餘貨，令市駔評價，官酬鈔絹之例。

由上述可知，明廷處理次等貨物的情形。又，史料中所見之「鈔」，乃洪武八年以來發行之大明寶鈔。明自發行以後，曾特別注意其流通情形，而於洪武十年將小錢與鈔一并發行，且只在百文以下限用銅錢，商稅則以錢三鈔七的比例收受。㉜迄至二十七年，以鈔兌換軍民商賈所有的銅錢而禁止其使用，所以官方收購四夷物貨時支付鈔固爲理所當然之事。

原則上，附搭物件的貨款在南京的天財庫、廣惠庫支付。我們雖未曾發現明廷支給此項貨款給琉球貢使的例子，然就成化十四年（一四七八）四月，南京兵部尚書王恕的〈關過內府銅錢給賞日本國使臣事畢奏狀〉觀之，當不難推知個中情形。該〈奏狀〉云：

節該欽奉勅，臣等及南京户部、禮部，今該給日本國正賞并物價，銅錢一千六百五萬六千三百九十文。勅至，爾等會同太監安寧等，轉行南京天財、廣惠二庫照數開出，公司差去官員明白給賞。事畢之日，爾等仍將關過銅錢數目，明白奏報，欽此遵。臣等會同南京守備太監安寧等，轉行南京户部、禮部，及南京天財庫，照數關出項銅錢，公同差來行人鄭庠給賞外，各夷俱於成化十四年四月十一日起程訖。緣奉勅，仍將過關銅錢數目，明白奏報事理，今將給賞過銅錢數目開坐，謹具題知。

此〈奏狀〉所言，乃指成化十四年，日本以竺芳妙茂爲正使來貢，於其東返之際支給的，據此以觀，明廷對琉球貢使領取貨款的地點與規定，亦當如此。

3 使臣交易

明代各國貢使在中國所爲交易，可分爲會同館貿易與沿途貿易兩種。

會同館有如今日國家賓館，乃接待外國使節的場所，《禮部志稿》，卷三六，〈會同館〉條云：

國初，設南京公館爲會同館。永樂初，設會同館於北京。三年，并烏蠻驛入本館。正統六年，定南北二館。北館六所，南館二所，設大使一員，副使二員，内以副使一員分管南館。弘治中，照舊添設禮部主客司主事一員，專以提督事務。

會同館的職官除上述人員外，尚有役夫四百餘人專司飲食及供應顧客之所需，又有差役、庫子、管守等人員關照貢品，專門醫師爲貢使診病，太醫院賜予藥材。㉝當貢使覲見明朝皇帝以後，即准他們在會同館市易所攜貨物。

在北京會同館的交易，乃各國貢使朝貢的主要目標之一，其交易有如下規定：

又令夷人朝貢到京，會同館開市五日，各鋪行人等入館，兩平交易，染作布絹等項，立限交還。如賒買及故意拖延騙勒，夷人久候不得起程，並私相交易者同罪，仍於館前枷號一個月。若各夷故違入人家交易者，私貨入官，未驗賞者，量爲遞減。通行守邊官員，不許將曾經違犯夷人起送赴京。

又令會同館内外四鄰軍民等，代替夷人收買違禁貨物者同罪，枷號一個月，發邊衛充軍。㉞

《大明會典》將上舉「會同館開市五日」增修爲「各處夷人朝貢領賞之後，許於會同館開市三日或五日」。然對朝鮮、琉球兩國並無此限制，可自由出遊貿易，此當係該兩國與明的關係較其他國家密切之故。惟因刑部等衙門之上言，曾一度取消此種優待，後經朝鮮王李懌之請求又復舊。《明世宗實錄》，卷一五九，嘉靖十三年二月戊辰朔己巳條所謂：

先是，四夷貢使至京師，皆有防禦，五日一出遊，令得遊觀貨物，居常皆閉不出。惟朝鮮國、琉球使臣，防之頗寬。已而令五日一出。至是，朝鮮國王李懌，以五日之禁乃朝廷所以待虜使，而爲冠裳國，恥與虜同。因禮部以請，詔弛其禁。

即言個中情形者。

會同館貿易的情形已如上述，但琉球貢使自福建往返京城途次的貿易情形，因史料闕如，故無法考察。惟如從日本貢使策彥周良的《初渡集》、《再渡集》的記載，當可推知其梗概。前文已說，南京是貢使南返時領取貨款的地點，故通常都是領款後才購物。如從以「外官」身分隨日本貢舶來華的楠葉西忍所言：

在中國所得貨款，於北都王城將本錢十文之物品以一貫出售，以此一貫所購貨物，在南都以二貫出售，以此二貫在南都所購物品，在明州以三貫出售，又以此三貫購蠶絲回日本爲有利。㉟

觀之，當時的日本貢使係巧妙利用中國銀錢行市之差異，來爭取貿易之利。《蔭涼軒日錄》則云：

距北京一日路程之張家灣一帶乃產鹽地方，南京不易買到鹽，故日本人多從張家灣販到南京出

售。大唐（明）嚴禁鹽之私人買賣。因鹽乃天下之公事，后妃之梳妝費也。㊱

可見善於做生意的日本人，利用當時鹽之公賣，從張家灣買鹽到南京高價出售，以貪圖暴利。販賣私鹽者不只日本使節人員，暹羅等國家亦有此例。憲宗云：

曩歲暹羅等國差使臣進貢回還，其通事夷人多不守禮法。沿途夾帶船隻，裝載私鹽，收買人口，奸淫污辱。又爭搶浩鬧，及傷平人。事發，守臣具奏，欲擒拿問罪。朕念係遠人，姑從寬貸，但勑彼國王懲治。㊲

此固為舉前年暹羅使臣來貢時的暴行之例，以諷日本使節之不法行為，但干犯中國法令的這種行為，并不侷限於日本、暹羅使節，琉球貢使亦有類似情形發生。

四、琉球貢使引發的問題

貢船貿易乃明朝用以「懷柔遠人」的對外政策，不僅允許四夷來華朝貢，以示「天朝」對他們的恩惠，而且不以其收入為利。更給貢使們廩給、口糧以及種種賞賜，故對四夷而言，此種貿易方式可獲極大利益。就這方面言之，我們可從楠葉西忍所謂：

攜往中國的貨物，如有錢百貫，就應帶十種，此乃因時節不同，所需物品有異之故。有時一物可獲十倍二十倍之利益。㊳

獲得佐證。

由於來華從事貢舶貿易可獲偌大利益，故由此衍生的問題不少。就貢期方面而言，琉球貢使因在華期間有不法行為，憲宗乃於成化十年（一四七四）將其貢期定為兩年一貢。因此，中山王就一再請求復為一年一貢或一年數貢，㊴言其伏讀〈祖訓〉條章，許其國不時朝貢，故自其祖父尙德以來皆一年一貢。近因巡撫福建大臣以其使節有違法規制者，遂令其兩年一貢，此實為其過失而謝罪，並請復舊制。惟憲宗認為該國使臣入貢，往往以饋送為名，污中國臣工，其實是為謀己利。即不能箝束傔從，以致殺人放火，強劫民財，又私造違禁衣服等物，俱有明顯事跡，方才將其改為兩年一貢，㊵而曉諭其所以欲定該國兩年一貢的理由。惟尙眞非僅不服憲宗旨意，竟言其「以小事大，如子事父」。㊶因此，禮部乃奏稱「其意實假進貢以規（窺）市販之利，宜不聽其所請」。㊷於是憲宗勅諭尙眞，言定其國兩年一貢之理由已如前勅，且謂臣之事君，宜遵君勅，不可一再違勅奏擾；子之事父，奉父之命即可，不應一再陳瀆。況且二年一貢正合中朝體制，而恤小之意亦在此，所以應恪守此一規定，不可徒滋紛擾。㊸

在憲宗定琉球兩年一貢之前，廣東參政張琰，已於正統八年（一四四三）申奏爪哇朝貢頻繁，供億甚多，此乃因該國自永樂（一四〇三～一四二四）以來「比年一貢，或間歲一貢，或一歲數貢」㊹之故。前此，英宗亦曾於爪哇使節回國之際，附勅告以海外諸國三年一貢，宜體恤軍民，遵從此制。㊺迄至成化十九年（一四八三），則限貢使二十日內照例茶飯管待起程，過期及中途無故停止一日以上者，廩給住支。㊻由此觀之，明廷對貢期方面的限制，並非侷限於琉球，而其所以採取這種措施的理由，除貢使的暴行外，當與明之歲入有關。㊼《明英宗實錄》，卷五八，正統四年八月丙子朔庚寅條云：

> 巡按福建監察御史成規言：琉球國往來使臣，俱於福州停住，館穀之需，所費不貲。比者通事林惠、鄭長所帶番梢人從二百餘人，除日給廩米之外，其茶、鹽、醯、醬等物，出於里中，相沿已有常例。乃故行刁蹬，勒折銅錢，及今未半年，已用銅錢七十九萬六千九百有餘，按數取足，稍或稽緩，輒肆詈毆，雖蠻夷之人，不足與較，而憑陵之風，漸不可長。已行福州等府縣，止將例該供給之物，按日支與，不許私以銅錢准當。但煩（繁）瑣多端，終非久計。乞令該部定議，於人支日廩之外，量加少許，聽令自辦。其林惠等不能禁戢，坐視紛紜，請執治之，以肅夷情。……上以遠人姑示優容，但令移文戒諭之，如果不悛，必治不宥。

我們如從對琉球貢船所作限制來看對外政策消極化的結果，則在成化十年（一四七四）曾詔今後船一人百，至多不過百五十人，且將每歲一貢改爲兩年一貢，此事已如前述。十八年，禮部奏謂：琉球國進貢舊例，到京人員少則四五十人，多則六七十人，俱給賞有差。近因各夷進貢率多奸弊，每國止許五七人，多不過十五人到京，其餘俱留邊等候。今以福建爲例，只容正議大夫梁應等十五人。㊽弘治三年（一四九〇）三月，中山王尚眞奏謂：近止計二十五人赴京，物多人少，恐有疏失，宜增五人，以順其情。並謂其國貢船抵岸，所在有司只給口糧百五十名，其餘多未得給，亦宜增二十名，而獲孝宗賜准。㊾迄至正德元年（一五〇六），明廷雖聽從琉球國多年請願准其每歲一貢，然至嘉靖元年（一五二二），卻又勅其王尙眞遵先朝舊例，兩年一貢，每船不過一百五十人，仍命福建巡按御史查勘驗放。㊿

由上述可知，明廷對琉球及其他國家之貢使所作限制的範圍是：貢期、船數、上京人員及支給廩給人數、使臣停留期間、賞賜使臣之物品，以及附搭物件之給價方面。

因貢船貿易引發的，除上述貢期、上京人數問題外，有時竟還藉口彼邦人力、物力有限，要求明廷賜予海舟，以供其載運貢品。琉球中山王尙巴志奏：

本國自洪武迄今，恭事朝廷，數荷列聖憫念，給賜海舟載運。近使者巴魯等貢方物赴京，舟爲海風所壞。緣小邦物料、工力俱少，不能成舟。乞賜一海舟，付巴魯等領回，以供往來朝貢。[51]

事下行在禮部評議結果，認爲即今節省冗費，以甦民力，如復造舟，不免勞擾軍民。因此，英宗乃命福建三司於現存海舟內擇一賜與，如無，則以其所壞者修葺與之。[52]此固爲在英宗之治世發生的事，但明廷之賜海舟給琉球，早在仁宗登極時，尙巴志王舅模古都等已乞賜一舟回國。[53]

貢使的暴行，也是使明廷頭痛的原因之一，這類事件在其開始入貢以後不久的永樂十三年（一四一五）即已發生。《明太宗實錄》，卷一七〇，同年十一月甲午朔己酉條云：

琉球國中山王尙思紹所遣使臣直佳魯犯法，坐誅。遣使賫勅諭思紹曰：比王所遣直佳魯等來京，朕優待之。及還至福建，乃肆狂悖，擅奪海舡，殺死官軍，毆傷中官，奪其衣物。直佳魯首罪，當眞（寘）大辟，命法司如律。其阿勃馬結剌等六十七人與之同惡，罪亦當死。春（眷）王忠誠，特遣歸，俾王自治。自今遣使，宜戒約之，毋犯朝憲。

《球陽》卷二，尙思紹王三十一年〈明成祖寬使臣不謹之罪特以遣歸〉條並記此事。《明經世文編》，卷二四，〈孫司馬奏議〉，「邊務」亦記該國使臣之不法行爲云：

緣路有司，出車載送，多至百餘輛。男丁不足，役及女婦。所至之處，勢如風火，叱辱驛官，鞭打民夫，甚且殺人放火，或展轉不行。待以禮而不加恤，加以恩而不知感。惟肆貪饕，略無忌憚。官民以爲朝廷方招懷遠人，無敢與較，其爲騷擾，不可勝言。

此言他們爲謀自己利益而未將明朝職官放在眼裏，恣意暴行，但民衆卻敢怒不敢言。當然並非只有琉球使臣如此，日本貢使亦有類似情形發生。例如當東洋允澎於景泰五年（一四五四），以船九艘，人員一千二百來貢之際，因其人、船超出明廷之規定甚多，故不僅限制其上京人數，也將其附搭物件的收購價格降低。結果引起東洋一行之不滿，於自北京返寧波之際，沿途擾害軍民，毆打職官，在館則捶楚館夫，不遵禁約。㊾堯夫壽蓂一行來貢時，則於上京途次，在濟寧強買貨物，與居民發生爭執而彼此殺傷。因此，府照磨童釗，指揮魏政，提舉王瑠，均被科以應得之罪，通事林充則發配充軍。㊿至於在嘉靖二年（一五二三），其大內、細川兩造貢使因市舶太監對他們的待遇有偏頗，及彼此互爭貢使之眞僞而引起的寧波事件，其貢使不僅荼毒生靈，且佔據城池，燔燒官府，戮害將臣。尤有甚者，以日本之國號封我東庫，舉火自焚舶司，沿餘姚江吶喊殺人。更劫擄寧波衛指揮袁璡，奪舟越關而遁。

[56]此一事件，不僅驚動遠近，且使明朝加強海防，中日兩國關係也因而陷於低潮。

由貢舶引起的問題，其因不僅存在於各國貢使之間，也存在於中國內部。例如前文所說各國貢使自行攜帶的貨物，係以牙行爲媒介來交易，牙行從而獲得佣金，但那些牙行之利用職務，做出有損外國商人利益之事亦難免發生。就琉球而言：

> 詔福建守臣：今後琉球國進貢方物，除胡椒、蘇木每一石（百）斤准令加五十斤以備折耗，番錫不必加增外，其餘附帶物貨，召商變賣者，不許勸商借客銀兩，及夷商私出牙錢。其布政司等衙門，市舶司太監等官，俱不許巧取以困夷人，違者罪之，著爲令，以琉球國使臣奏守臣虐削故也。[57]

對這種問題，浙江巡撫朱紈亦言：

> 臣體得地方積弊，當年入貢夷人隨帶貨物，有等奸民指以交易爲由，誆騙推延，往往貢畢京回，守候物價，累年不得歸國。官司苟且避事，佯爲不知，其實不能禁遏。奸人因此肆志，夷人無處申鳴。內傷國體，外起悔心，非一朝一夕之故。[58]

因此，朱紈乃上奏應將信票——證件交與牙行、商人，如無信票而參與交易，就科以通番之罪。交易時，使節向官衙申告，職官檢查信票，准其買賣，免抽其稅。至於館穀貢使的驛官，亦有從事不法勾當者。例如：當日本貢使策彥周良於嘉靖二十七年三月十七日住進寧波嘉賓館時，知府曾於四月十三日致紙牌於該館守衛曰：

所爲門禁者非他，防境内奸細包攬狂詐耳。除違禁貨物照例禁約外，其一應服飾、器用之類，俱許兩平交易，敢有妄持意見，過爲阻抑者，定究不赦。[59]

可證。

牙行、商人之所以能夠從事不法勾當，與市舶提舉司職官之容忍其行爲有關。鄭舜功所謂：

大抵在京、在外安待夷使，必須提督、提舉得人，然則館伴畏法，行人不能與之私通，閑人不得與之交接，雖有夾帶違禁之姦，賒騙告擾之弊，亦默化而潛消也。[60]

乃言只要市舶提舉司的負責人奉公守法，處事公正廉明，則即使在下的職官有私通貢使，從事干犯法律勾當的意念，也因有所顧忌而不敢做。職官不敢犯法，則閑人等也將懼怕法律而不敢與外夷來往。

中國職官對貢使的營私舞弊，除上述者外，在貢使領取賞賜物品時，也可能有尅減冒破，或以劣貨交與他們之不法行爲，此可由萬曆年間規定得而知之：

凡給賞段絹等物，萬曆六年題准各織造去處，撫按官痛革尅減冒破奸弊，有仍將粗惡不堪之物解進，該部科將撫按等官一體查參。其給賜衣服、靴、襪等件，該衙門成造，務要精好，如有不堪，聽禮部具實參奏重治。其留邊給賞，賚去人員，有將賞物抵換勒掯者，督撫官查參重治。至於各夷所得賜物，不許於開市之日貨賣。或願折價，禮部題照，原價折給。[61]

明廷爲懷柔遠人，向四鄰各國示恩而施惠，不以其收入爲利而舉辦的貢船貿易，不僅在經濟上付出相當代價而影響了國家財政，同時也因貢期、船數、人數之限制問題而無法滿足各國貢使之欲望，致使他們有怨忿之念。更因各職官中有少數不肖分子，及各國貢使中有若干干犯中國法令者，遂給明廷帶來不少困擾。

五、結　語

前文曾分別就明廷對琉球貢使的貢期、貢道、筵宴、廩給、口糧的支給，貢品與附搭物件的處理，使臣交易，以及貢使來華以後所引發的問題等作一番考察。經此考察，我們不僅得知該國貢期之所以由每歲一貢改為兩年一貢，和限制貢使上京人數的原因，也從而得知他們的上京路線，在杭州以北的路段與日本貢使相仿，係沿著大運河而行。由於明廷對琉球貢使所作規定多適用於其他各國，故亦可由此窺知明代貢舶制度之一端，又，各國貢使之所以在華期間引發各種問題，使明廷感到困擾，實肇因於他們為自己爭取更多的利益，其使貢使們干犯中國法令的主要因素，當為明廷對他們在貢期、船數、人數方面的限制，如不受這種限制，則因貢舶而引起的問題應會減少許多。此可由明廷於隆慶元年（一五六七）聽從右僉都御史涂澤民之建議開放部分海禁，以餉稅制方式對外交通貿易後，受到官商謳歌之情形窺見其端倪。⑫

得在此附帶一提的就是：貢使在京期間的首要任務是呈遞表文、貢品，並覲見皇帝。其覲見儀式係根據《大明集禮》，卷三一，〈賓禮〉，二，所載洪武二年之制，與《大明會典》（正德重修弘治會典，卷五五；萬曆重修會典，卷五八）所見洪武十八年所定方式舉行。覲見前一日，在禮部鴻臚寺官員指導下，於鴻臚寺習禮亭前預習朝參，這是慣例。[63]然隨著歲月的流逝，明廷對諸國朝貢的態度漸趨消極，故呈遞國書的重要任務竟可由通事來代替，使節一行僅在午門遙拜而已。[64]又據策彥周良《再渡集》的記載，表文並未於朝參時呈遞，而隔一日呈禮部，[65]所以在嘉靖二十八年當時，明朝皇帝似已不接見外國貢使了。

【註釋】

①：鄭若曾，《籌海圖編》（四庫全書本），卷一二，〈經略〉，二，「開互市」條。

②：《明史》（臺北，鼎文書局，點校本），卷二〇五，〈朱紈傳〉。

③：鄭樑生，《明代中日關係研究》（臺北，文史哲出版社，民國七十四年三月），頁一八六。

④：參看佐々木銀彌，〈東アジア貿易圈の形成と國際認識〉，收錄於《岩波講座日本歷史》，七，中世，三（東京，岩波書店，一九七六年四月），及鄭樑生，《明代中日關係研究》，頁一八六～一八七。

⑤：鄭樑生，〈明代中琉兩國封貢關係的探討〉，收錄於第二回琉中歷史關係國際學術會議報告《琉中歷史關係論文集》（那霸，琉中歷史關係國際學術會議實行委員會，一九八九年三月），頁二二五～二五〇，及鄭著，《中日關係史研究論集》，一（臺北，文史哲出版社，民國七十九年七月），頁一三三～一五三。

⑥：佐久間重男，〈明初の日中關係をめぐる二三の問題——洪武帝の對外政策を中心として——〉，收錄於《北海道

大學人文科學論集》，四，及佐久間著《明日關係史の研究》（東京，吉川弘文館，平成四年二月），頁四三～九六。

⑦：《明太祖實錄》（臺北，中央研究院史語所影印本），卷一七〇，洪武十八年正月癸亥朔戊寅條。

⑧：《明太祖實錄》，卷九〇，洪武七年六月乙未朔條。

⑨：參看註六所舉佐久間重男之論文。

⑩：同前註。

⑪：《明太祖實錄》，卷三八，洪武二年正月丙申朔乙卯條。

⑫：《明太祖實錄》，卷七一，洪武五年正月己酉朔甲子條。

⑬：《明太祖實錄》，卷八九，洪武七年五月甲申朔癸巳條。

⑭：《明太祖實錄》，卷八九，洪武七年五月甲申朔甲寅條。

⑮：《明史》，卷七五，〈職官志〉，四，「市舶提舉司」條。

⑯：鄭舜功，《日本一鑑》（商務印書館，民國二十八年據舊鈔本影印本）〈窮河話海〉，卷七，「市舶」條。

⑰：高岐，《福建市舶提舉司志》。小葉田淳，《中世日支通交貿易史の研究》（東京，刀江書院，昭和四十四年一月，再版），頁四二四。

⑱：《古今圖書集成》，卷二二三，〈食貨典，雜稅部〉，「滙考」，七云：「今天下州縣鎮店去處，不許有官牙、私牙。一切客商應有貨物，照例投稅之後聽從發賣。敢有係官牙、私牙，許鄰里坊廂拿獲赴京，以憑遷徙化外。若係

官牙，其該吏全家遷徙。敢有爲官牙、私牙而鄰里不首，罪同巡欄。敢有刁蹬多取客貨者，許客商拿來赴京」。可見牙行曾被禁止。

⑲：復設牙行事，可由上舉《日本一鑑》〈窮河話海〉，卷七，「市舶」條之記載得知其情形。

⑳：《大明律》（隆慶二年重刊本），卷八，〈戶律〉，五，「舶商匿貨」條。

㉑：高岐，《福建市舶提舉司志》。

㉒：小葉田淳，《中世日支通交貿易史の研究》，頁二七七。

㉓：策彥周良，《初渡集》（續群書類從本）〈驛程錄〉所記載杭州至北京的驛站名爲：武林、長安、崇德、皂林、西水、平望、松林、姑蘇、錫山、毘陵、呂城、雲陽、京口、龍江、龍潭、儀眞、廣陵、邵伯、孟城、界首、安平、淮陰、清口、桃園、古城、鍾吾、直河、下邳、新安、房村、彭城、夾溝、泗亭、沙河、魯橋、南城、水馬、開河水、安山水、荊門、崇武水、清陽、清源、水馬渡口、甲馬營、梁家莊、安德、良店、連窩、新橋、磚河、乾寧、流河、奉新、楊青、楊村、河西、和合、通津、潞河、北京，凡六十個驛站，陳文所錄魏學源《福建進京水陸路程》，自杭州江口馬頭至京師的驛站名則爲：江口、北新頭，塘西鎭、石門鎭、平望、蘇州、無錫、常州、丹陽、京口、瓜州、鈔關、邵伯、界首、平河、王家營、重興集、宿遷、紅花埠、李家莊、伴城、垛莊、嶅陽、羊流店、泰安、張夏、晏城、平源、南普智、阜城、商家林、任邱、白溝河、玻璃河、北京，凡三十五個驛站。由此觀之，日本、琉球兩國貢使往返京城所經過的驛站不盡相同。

㉔：《吳雲入唐記》。

㉕：《壬申入明記》。
㉖：策彥周良，《初渡集》（續群書類從本），嘉靖十八年九月十九日條。
㉗：《大明會典》（明萬曆十五年司禮監刊本），卷一一四，〈禮部〉，七二，「筵宴番夷土官卓面」條。
㉘：策彥周良，《再渡集》（續群書類從本），嘉靖二十八年七月二十八日條云：「參內謝昨日筵宴之事。」
㉙：《大明會典》，卷一一四，〈禮部・膳饈〉，二，「番夷土官使臣下程」條。
㉚：《大明會典》，卷一〇五，〈禮部〉，六三，「東南夷上，琉球國」條，卷一〇八；〈禮部〉，六六，「朝貢通例」條。
㉛：有關明廷對琉球的回賜品內容，請參看鄭樑生，〈明代中琉兩國封貢關係的探討〉。
㉜：參看小葉田淳，《日本貨幣流通史》（東京，刀江書院，昭和五年十一月），及市古尙三，〈宋元明代における中國錢の日本への流出と明代における貨幣制度概說〉（《拓殖大學論集》，九）。
㉝：《禮部志稿》，卷三六，〈會同館〉條。
㉞：《明太祖實錄》，卷二〇三，洪武二十三年四月甲午朔甲辰條。
㉟：尋尊和尙，《大乘院寺社雜事記》，永正二年（一五〇五）五月四日條。
㊱：《蔭涼軒日錄》，長享二年（一四八八）九月十三日條。
㊲：瑞溪周鳳，《善鄰國寶記》（續群書類從本），成化二十一年（一四八五）二月十五日〈大明書〉。
㊳：尋尊和尙，《大乘院寺社雜事記》，文明十五年（一四八三）正月二十四日條。

㊴：參看《球陽》（東京，角川書店，一九七〇年六月序刊本），卷三，尙圓王三年〈憲宗命定二年一貢〉條。

㊵：《明憲宗實錄》，卷二〇三，成化十六年四月辛亥朔辛酉條。

㊶：《球陽》，卷三，尙圓王二年〈貢使錦衣沒入內庫〉條；三年〈憲宗命定二年一貢〉條。

㊷：《明憲宗實錄》，卷二二六，成化十八年四月己亥朔癸丑條。

㊸：同前註。

㊹：《明英宗實錄》，卷一〇六，正統八年七月甲寅朔辛巳條。

㊺：《明英宗實錄》，卷一〇〇，正統八年正月丁巳朔癸亥條。

㊻：《大明會典》，卷一一五，〈禮部〉，七三，「膳饈」條。

㊼：《明憲宗實錄》，卷七八，成化六年四月己酉朔乙丑條記載限制廩給、入貢與明之歲入有關之事云：「工部奏：四夷朝貢，人數日增，歲造衣幣，賞賚不敷。上諭禮部：議減各夷入貢之數。尙書鄭乾等，具例以聞」。由此可知，這種限制並不侷限於琉球。

㊽：《明英宗實錄》，卷五八，正統四年八月丙子朔庚寅條。

㊾：《明孝宗實錄》，卷三七，弘治三年四月癸未朔癸卯條。

㊿：《明世宗實錄》，卷一四，嘉靖元年五月丙午朔戊午條。

(51)：《明英宗實錄》，卷五七，正統四年七月丁未朔甲戌條。

(52)：同前註。

(53)：《球陽》，卷二，尚巴志王四年〈王舅模都古等乞賜一舟歸國〉條。

(54)：《明英宗實錄》，卷二三八，景泰五年二月壬午朔乙巳條。

(55)：《明孝宗實錄》，卷一一六，弘治九年八月乙亥朔庚辰條。鄭若曾，《籌海圖編》（文淵閣四庫全書本），卷二，〈倭奴朝貢事略〉，嘉靖二年條。

(56)：《明世宗實錄》，卷二八，嘉靖二年八月庚子朔戊辰條，嚴從簡，《殊域周咨錄》（明萬曆間刊本），卷二、〈日本〉、《明史》，卷三二二，〈日本傳〉。夏言，《桂州奏議》（明嘉靖間刊本），卷二，〈請勘處倭寇事情疏〉。葉向高，《蒼葭草》，卷一九，〈日本考〉嘉靖二年條。

(57)：《明孝宗實錄》，卷一七六，弘治十四年七月丁未朔甲戌條。

(58)：朱紈，《甓餘雜集》（明萬曆十五年序刊本），卷二，嘉靖二十七年四月初六日，〈哨報夷船事〉。鄭舜功，《日本一鑑》〈窮河話海〉，卷七，「市舶」條。

(59)：策彥周良，《再渡集》，嘉靖二十七年三月十七日，同年四月十三日條。

(60)：鄭舜功，《日本一鑑》〈窮河話海〉，卷七，「市舶」條文末之雙行注。

(61)：《大明會典》，卷一一三，〈禮部〉，七三，「給賜番夷通例」條。

(62)：參看鄭樑生，〈明隆慶初右僉都御史塗澤民議開海禁的貢獻〉，收錄於《明末清初華南地區歷史人物功業研討會論文集》（香港中文大學歷史系，一九九三年三月），及鄭著《中日關係史研究論集》，五（臺北，文史哲出版社，民國八十四年四月），頁一五五～一七九。

63：策彥周良，《再渡集》，嘉靖二十八年卯月二十三日記載著日本貢使一行預習朝參的情形。

64：同前注書同年卯月二十四日條。

65：參看前注書同年同月二十六日條。

琉球在清代冊封體制中的定位試探
——以順治、康熙、雍正三朝爲例——

一、前　言

琉球自洪武五年（一三七二）與明朝建立封貢關係之後，中、琉兩國便始終維持著友好關係，彼此間的往來極爲頻繁。其間，雖有時因受東亞國際情勢之影響而曾經有一段時間產生疎離感，致琉球有過同時分別朝貢中、日兩國之事實，但它之始終恪遵中國定制，遣使奉表，貢方物，表現悃誠之態度，可由中、琉兩國史乘之記載看出其端倪。明亡後，琉球之來華朝貢，並未因中國之改朝換代而有所改變，所以中、琉兩國間的友好關係持續未斷，即使它被日本明治政府劃歸其版圖後已有百餘年的今天，亦復如此。

有關明代中、琉兩國間的封貢關係，筆者曾經爲文探討過，①故本文擬以琉球在清代冊封體制中的定位問題作一番考察，而從中、琉雙方所遣使節之身分、貢期，以及清廷所賞賜物品的內容等方面著手，並以順治、康熙、雍正三朝之兩國關係作爲探討之重點。

二、清代中琉兩國封貢關係的建立

崇禎十七年（一六四四），中國因明毅宗朱由檢自縊煤山（萬歲山），清世祖入主中原而「華夷變態」②。如據《球陽》的記載，琉球貢使金應元一行曾於同年奉中山王國世子尚賢之命，爲訃告其父尚豐薨，兼請襲封來華，卻因目睹此一劇變，乃朝覲當時即位於南京之福王弘光。弘光滅亡後，則改朝即位於福建之唐王隆武，於紹武元年（順治三年，一六四六）回其本國。弘光即位時，曾遣福州左衛指揮花思齊勅至其國，詔告登基事。故中山王尚賢乃遣毛大用等慶賀入朝。隆武繼立後，復遣指揮閩邦基諭告，尚賢遂遣王舅毛泰久等赴閩慶賀。③惟毛泰久一行在隆武二年（一六四六）秋，欲東返而行至閩安鎮外琅琦地方時，清廷大將軍貝勒帶德所率部隊入閩而將隆武攻滅。因此，琉球長史金正春，都通事鄭思善，火長陳初源等人乃見風轉舵，竟仿滿人裝扮而更衣剃髮，於閩省拜謁貝勒，表明其欲歸嚮之意。④當琉球貢使一行表明願意投誠之後，火長陳初源曾至琅琦地方，請王舅等至省城，木船進入內港，回至怡山院。當夜，海賊驟至，前後攻襲。官伴、水梢等雖倡義奮勇禦賊，卻寡不敵衆，失去船隻、水梢、方物等。因此，只得將王舅等官留置琅琦。⑤由於財物被劫一空，貢使一行遂陷於不得不乞餕食或五日一食，或三日一食之窘境。殆及餓莩漸至，省城乃稟報其事。職是之故，貝勅於順治四年（一六四七）四月，引領毛泰久、金正春、鄭思善等人赴北京覲見世祖，表示其國有向新王朝投誠之意，⑥但世祖並未立刻同意其請求。

然就在毛泰久等人向世祖表示要歸服滿清之後，琉球竟又以其世子名義，署隆武五年（一六四九）二月的咨文，向福建等處承宣布政司探詢前此來華進香及慶賀迄今未歸之該國使節一行之平安與否。⑦因此，福建布政司乃於順治六年（一六四九）五月二十三日致琉球國王〈咨〉曰：

> 順治三年，（金正春等人所乘之）舡至琅琦地方，通共有百五人遭寇劫殺，僅逃官伴五十餘人，幸逢貝勒王帶德及通事等官伴于臘月初八日赴京，四年四月十七日到京。六月初七日，蒙皇帝廣開柔遠，格外優恤，賜宴、賜袍、賜靴。初十日，禮部頒發勅書一道，諭通事謝必振招撫本國。兵部差護送官二員，直至福州浦城縣。八月十四日，謁（福建巡撫）張部院（學聖）。時爲寇警，勅書送交張部院收貯。今風汛已至，舡隻亦備，但水運非比陸行，乘風破浪必須準備。……
> ……除將勅諭一道令招撫通事者謝必振齎奉前來外，仍遣長史金思德等七員，人伴誠意等四十四名歸國。⑧

當謝必振一行抵其國後，琉球曾於同年十一月十三日遣使齎〈咨〉至福建表示其謝意。⑨

毛泰久、金正春、鄭思善等人覲見世祖之際，雖曾表示該國有向新王朝投誠之意而世祖並未立刻首肯，然同年六月，卻詔諭琉球不僅要像昔日似的順天循理，世世臣事中國，遣使朝貢，還要它遣使將明朝賜予之封誥勅諭送至北京，然後由清廷循前朝之例另行封錫。⑩不過琉球接到此一詔勅後既未像明初似的隨即遣使朝貢中國，也未遵循世祖旨意，將明朝賜予之封誥印勅送到北京，換頒清廷擬予封賜者。因此，世祖乃於同年（一六四九）復遣招撫使齎詔至其國招諭，但久久未有回應。因此，清廷更於順治八年九月第三度遣使詔諭其王曰：

> 爾國恪承天命，奉表投誠，朕甚嘉焉。奏內有云：獻琛稍寬於來祺，以故館留周國盛等三人在京，隨於七年五月遣梁庭漢等十九人回諭爾國。迄今故明勅印未繳，併去使亦無消息。意者海道迂遠，風濤險阻，抑有別故，未達爾國耶？來使留京日久，朕甚憫念。今賞賜表裏、銀兩遣歸，沿途給予口糧，並增駕船夫役，偕通官謝必振回報爾國，聽爾國便宜復命，用示朕懷柔至意。特諭。⑪

世祖雖再三遣使齎勅往諭琉球，並索還故明勅印，但琉球當局始終未予理會。因此，謝必振遂於滯留該國二十個月後的順治九年七月十五日，修書致琉球國長史司，促其派遣慶祝世祖登極之賀使，及繳交明朝勅印而仍未得回應。直至半年後的十年二月二十七日，中山王世子尚質方纔遣其重臣齎繳故明勅書二道，印信一顆，且乞賜清朝勅印，以勵歸順，勅禁夙弊，以廣懷柔；⑫而清廷之接獲琉球繳回之詔勅與印信，係在同年閏六月二十五日。⑬迄至十一年三月，世祖方命有司議奏尚質進貢方物，併繳故明勅印，請頒新勅印事。⑭議奏結果，於同年四月十八日賜琉球中山王世子及其妃蟒緞、綵緞、閃緞、織錦、紗、羅等物；來使馬宗毅、蔡祚龍等則賜予緞疋、銀兩等物，有差。⑮至於禮部之發出咨文給尚質，通知清廷已同意其襲王位，並給予詔印，以及准其自由貿易，則在同年六月十五日。⑯

因此，琉球與清廷之間的封貢關係，是在明亡後十年餘方纔建立。而琉球之所以經清廷再三催繳始將明朝賜予之詔勅與印信交出，並接受新王朝之冊封，可能與其思念前此長期受到明朝眷顧的心情有關。

三、中琉兩國使節

明代遣往琉球的冊封使，除永樂二年（一四〇四）所遣者爲正使行人司行人（正八品）時中（副使人選不詳），宣德元年（一四二五）所遣正使爲中官柴山（副使不詳）外，歷次所遣正使俱爲六科給事中（從七品），副使則除成化十五年（一四七九）所遣者爲行人司右司副張祥外，其餘都是行人。至於清代，如據中、琉兩國史乘的記載，則清廷派遣冊封使前往琉球的年代及其使節人員的名單如下表：

表一：清代遣往琉球之冊封正、副使一覽表

清朝皇帝	元號	西元	琉球王	正使	副使	典據	備註
聖祖	康熙二年	一六六三	尚質	兵科副理官	行人	上諭檔，乾隆四十九年十二月初九日，軍機大臣奏稿。欽定大清會典事例，卷五〇二，禮部，朝貢，勅封，康熙二十一年條。	張學禮著有《使琉球記》。

				張學禮	王垓	清史稿，卷五三三，琉球傳。球陽，卷六，尚質王十六年「冊封使張學禮、王垓等齎勅至國」條。中山世譜，卷八，尚質王康熙二年癸卯條	
聖祖	康熙二十一年	一六八二	尚貞	翰林院檢討汪楫	內閣中書舍人林麟焻	聖祖實錄，卷一〇四，康熙二十一年丙子朔庚子條。欽定大清會典事例，卷五〇二，禮部，朝貢，勅封，康熙二十一年條。球陽，卷八，尚貞王十五年「冊封汪楫、林麟焻等齎勅至國並頒賜御筆中山世土四字」條。中山世譜，卷八，尚貞王康熙二十二年癸亥夏條。	汪楫著有《使琉球雜錄》、《中山沿革志》。
			尚純				清順治十七年一月五日生，康熙四十五年十二月三十日薨，年四十七。以正考正統之重追尊稱王。
			尚益			欽定大清會典事例，卷五〇二，禮部，朝貢，勅封，康熙五十七年條。	康熙四十九年即位，五十一年七月十五日薨。在位僅三年，壽三十六。因尚敬王之請，勅賜承襲琉球國中山王，遣使行勅封禮。
聖祖	康熙五十七年	一七一八	尚敬	翰林院檢討海寶	翰林院編修徐葆光	聖祖實錄卷二七九，康熙五十七年六月戊寅朔庚辰條。球陽，卷一〇，尚敬王六年「冊封使海寶測量官平安等齎勅至國」條。中山世譜，卷九，尚敬王康熙五十八年己亥條。	徐葆光著有《中山傳信錄》。
				翰林院	翰林院	高宗實錄，卷五〇二，乾隆二十年十二月庚子朔甲辰條。	

高宗	乾隆二十年	一七五六	尚穆	侍講 全魁	編修 周煌	上諭檔，乾隆四十九年十二月初九日，軍機大臣奏稿。 中山世譜，卷一〇，尚穆王乾隆二十一年丙子夏條。	周煌著有《琉球國志略》。
			尚哲			中山世譜，卷一〇，尚哲王，附紀。	清乾隆二十四年五月六日生，五十三年八月二十日薨，壽三十。以王世子尚哲係正考正統之重追尊稱王，惟王統圖中不稱王。
仁宗	嘉慶四年	一七九九	尚溫	翰林院 修撰 趙文楷	內閣中 書舍人 李鼎元	仁宗實錄，卷四六，嘉慶四年六月戊子朔條。 球陽，卷一九，尚溫王六年「冊使臨國封典既竣回朝」條。 中山世譜，卷一〇，尚溫王嘉慶五年庚辰條。	李鼎元著有《使琉球記》。
			尚成			欽定大清會典事例，卷五〇二，禮部，朝貢，敕封，嘉慶十二年條。 中山世譜，卷一〇，尚成王，紀。	清嘉慶八年即位，同年十二月二十六日薨，壽四〇。在位未及一年，未及請封病故。嘉慶十三年夏，冊封使齊鯤於冊封尚灝爲中山王之際，追封尚成爲中山王。
仁宗	嘉慶十二年	一八〇七	尚灝	翰林院 編修 齊鯤	工科 給事中 費錫章	宮中檔，嘉慶朝〇九四三、一二三〇六、一二四〇四、一三六六七號奏摺。 仁宗實錄，卷一八三，嘉慶十二年七月辛丑朔乙巳條。 球陽，卷二〇，尚灝王五年戊辰「（八月）冊使臨國封典既竣回國」條。 中山世譜，卷一一，尚灝王嘉慶十三年條	齊鯤著有《續琉球國志略》。
				翰林院	翰林院	宣宗實錄，卷二九八，道光十七年六月丁未朔丁巳條。	

宣宗	道光十七年	一八三七	尚育	修撰 林鴻年	編修 高人鑑	球陽，卷三一，尚育王四年「本年五月冊封使欽命正副使按臨本國」條。 中山世譜，卷一二，尚育王道光十八年戊戌夏條。	
穆宗	同治五年	一八六六	尚泰	翰林院 檢討 趙新	翰林院 編修 于光甲	穆宗實錄，卷二〇〇，同治六年四月甲申朔丁亥條。 球陽，卷二二，尚泰王十九年「本年六月冊封欽命正副使按臨本國」條。 中山世譜，卷一三，尚泰王同治五年丙寅夏條。	趙新著有《續琉球國志略》。

如據中、琉兩國史乘的記載，有清一代（一六四四～一九一一）的琉球王共有：

1尚質—2尚貞—（尚純）—3尚益—4尚敬—5尚穆—（尚哲）—6尚溫—7尚成
　　　　　　　　　　　　　　　　　　　　　　　　└8尚灝—9尚育—10尚泰

等十位，實際受封者八位。其餘兩位中的尚益王在位僅三年，未及請封便去世。尚成王則在位不及一年，年僅四歲而亡，無暇請封。因此，尚成王去世後四年，當冊封正、副使齊鯤、費錫章等往封尚灝時，方纔由仁宗追封為中山王。⑰

由表一可知，清代遣往琉球的冊封正、副使，除康熙二年所遣正使張學禮係兵科副理官，副使王垓為行人，康熙二十一年所遣副使林麟焻與嘉慶四年之副使李鼎元為內閣中書舍人，嘉慶十二年之副使費錫章為工科給事中外，其餘正、副使都是遣自翰林院。我們雖從《明史》〈職官志〉得知明代六科給事中為從七品官；由黃本驥《歷代職官表》得知，清代為正五品，但對於副理官，《清史稿》，卷一二一，〈職官〉一，〈吏部〉條僅言：

> 理事官四十有三人，吏、禮二部各四人，户、兵二部各十人，刑部六人，工部九人。副理事官六十五人，吏部六人，户、兵二部各十有六人，禮部七人，刑部八人，工部十有二人。

而未提及品秩，上舉《歷代職官表》亦無相關記載，故不知張學禮在清代九品官制中居於何種地位。惟就給事中爲正五品推之，當不會低於從六品。至於中書舍人，《清史稿》，卷一一二，雖亦設有「中書科」之目，言：

> 中書科，稽察科事內閣學士，滿、漢各一人，由內閣學士特簡，掌稽頒册軸。掌印中書，滿洲一人。掌科中書，滿洲一人。中書，並從七品，滿洲一人，漢三人，掌繕書誥勅。筆帖式十人。初制，置滿洲中書舍人一人，乾隆十四年，增一人；漢中書舍人八人。雍正十三年，派兼內閣行走。乾隆十三年，省四人。

但也未提及中書舍人之品秩，《歷代職官表》亦復如此。惟文中既言中書之品秩爲從七品，中書舍人又位居中書之下，則其最高品秩當不會高於從七品。

就選自翰林院的正、副使而言，同書卷一一二，〈職官〉，二，「翰林院」條謂：

> 侍講，初制，正六品。雍正三年，陞從五品。宣統元年，陞從四品。滿洲各三人，漢各四人。修撰，初制，從六品。編修，初制，正七品。檢討，初制，從七品。自修撰以下，宣統元年並改從五品。

由此可知，雍正以前的侍講之品秩為從五品；修撰，從六品；編修，正七品；檢討，從七品。此與明代所遣正使為行人（正八品）或六科給事中（從七品）；副使為行人較之，清代遣往琉球的冊封正、副使之地位實較明代為高，則清廷對琉球問題，似較明朝更為重視。

如據《清實錄》、《清史稿》、《起居注冊》、《宮中檔》、《軍機處檔》、《球陽》、《中山世譜》、《歷代寶案》等文獻史料的記載，琉球在有清一代派遣來華的貢使有王舅、紫金大夫、正議大夫、長史、都通事、通事、總管、火長等。紫金大夫為「親方」，屬紫冠而位居三司官之下，無定額，朝貢時由正議大夫陞任，慶賀、謝恩之際充當副使。正議大夫的地位屬黃冠，相當於課長助理，其人員亦無定額，由都通事陞任。都通事的人數亦無定額而其主要任務在上京或留存福建之際負責翻譯。通事的任務與都通事同，人員沒有一定數目。長史、通事的地位相當於從四品至從七品之間。總管、火長各二名。除此之外，尚有「通書主取」、「通書相附」、「通事加勢」各一名，「漏刻番」三名，及其他人員若干。⑱所以琉球在清代遣往中國的貢使之身分與明代大致相同而在其本國的地位都相當高。此與朝鮮之每年來華朝覲時由閣臣、尚書各一員，書狀官一員擔任使節⑲的情形比較，則其所遣使節的層次之高並不亞於本朝。至於貢使一行人數，朝鮮人多，清廷所設館舍往往不敷居住，致有賃居民舍者⑳，琉球則規定其進貢人數不得逾一五〇名，且只許正、副使二人，從人十五名入京。㉑所以琉球不僅其使節之上京人數較朝鮮少，其在京師所受待遇亦不如朝鮮。㉑

四、琉球的貢期

明代對四鄰各國的來貢，在時間上均加以限制，亦即對它們有貢期的規定，而其所訂貢期則因國家之不同而有異，就清代而言，亦復如此。

琉球自順治十一年（一六五四）由尙質王繳出明朝賜予之勅印，請頒新誥命、印信而接受清廷冊封後，仍與明代一樣被納入以中華爲中心的冊封體制之中。當時琉球所得的印章是駝紐鍍金銀印，與安南（越南）、暹羅、南洋諸國所得者相同，與朝鮮之獲龜紐金印有異，㉒此一情形與明代並無二致。

如據欽定《大清會典事例》，卷五〇二，〈禮部，朝貢，貢期〉的記載，太宗曾於崇德二年（明崇禎十年，一六三七）定朝鮮每年進貢一次，並聖節、元旦、各至三大節爲四貢並進。順治十一年（一六五四）定琉球貢期，二年一貢。迄至康熙二年（一六六三）覆准安南貢期三年一次。四年定暹羅貢期，三年一次。七年奏准，嗣後安南國入貢，將三年一貢之例，改爲六年兩貢。雍正七年（一七二九），世宗以朝鮮國世篤恭順，虔修職責，其國王於領受賞賚時皆遣使臣齎表奏謝。惟念該國距京三千餘里，貢使往來，未免勞費，乃諭：嗣後凡屬謝恩表章，皆著與三大節表一同齎奏，不必特遣使臣，永著爲例。迄至乾隆五十七年（一七九二），復議准安南貢期改爲二年一貢，四年遣使來朝一次。嘉慶八年（一八〇三），議准越南國貢期仍如安南舊例，二年一貢，四年遣使來朝一次。㉓十九年則更諭：

向來越南國二年一貢，四年遣使來朝一次，合兩貢並進。琉球國間年一貢，暹羅國三年一貢，在各該國抒誠效順，不敢告勞。惟念遠道馳驅，載途雨雪，而爲期較促，貢獻頻仍，殊不足以昭體恤。嗣後越南、琉球、暹羅，均著改爲四年朝貢一次，用示朕綏懷藩服之至意。㉔

而將越南、琉球、暹羅三國之貢期一律改爲四年。茲據上舉《大清會典事例》，卷五〇二所記載有關清代對朝鮮、越南、琉球、暹羅四國貢期所作規定與其演變情形表列如下：

表二：清代朝鮮、越南、琉球、暹羅四國貢期變遷表

國名	崇德二年	順治十一年	康熙二年	康熙四年	康熙七年	康熙五十七年	嘉慶八年	嘉慶十九年
朝鮮	一年四貢							
安南(越南)			三年一貢		六年兩貢	二年一貢四年遣使來朝一次	越南如安南舊例二年一貢四年遣使來朝一次	二年一貢四年遣使朝貢一次合兩貢並進
琉球		二年一貢						四年朝貢一次
暹羅				三年一貢				四年朝貢一次

由上文可知，琉球在清初的貢期雖是兩年，較安南、暹羅之三年一貢爲短，然與朝鮮之一年數貢較之，則有天壤之別。就所賜印章而言，朝鮮係金印，安南、琉球、暹羅三國則俱爲鍍金銀印。所以

無論貢期或印章的質料，琉球所受待遇都不如朝鮮好。

五、清廷對琉球的賞賜

在有明一代，對來華朝貢的各國國王、王妃、使臣，例皆有優厚賞賜，清代亦復如此。欽定《大清會典事例》，卷五〇六，〈禮部，朝貢，賜予〉記載清廷對四夷君長與其貢使之賞賜物品內容。由此，我們得知清廷對各國國王、王妃與其貢使們的賞例不一，並且據此可以推知其對待各屬國情形之一端。茲以清初賞賜朝鮮、安南、琉球、暹羅四國者爲例，以比較方式得知清廷在此一方面給予琉球之待遇。㉕

表三所列者雖是清代前期對朝鮮、安南、琉球、暹羅四國國王、王妃所賞賜物品之內容與其數量，然因清代此種賞賜的物品內容、數量並不似明代之有固定標準，往往因年代之不同而有若干出入。並且又有所謂加賜、特賜，所以如欲瞭解其賞賜的詳情，自非查閱《大清會典事例》或《宮中檔》、《上諭檔》、《軍機處檔》、《清史稿》等相關紀錄不可。就琉球而言，在順治十一年議准的賞例雖如表三之所列，但至康熙二十四年（一六八五）卻又議准：

琉球國王原賞賜緞二十疋，今加三十疋；安南國王原賞緞三十疋，今加二十疋；暹羅國王原賞緞二十四疋，今加二十六疋，各表裏五十疋。㉖

結果，朝鮮、安南、琉球、暹羅四國國王所獲賞賜之緞的數目完全相同。因此，康熙二十年以後對上舉四國國王的賞賜並無軒輊，但對王妃的賞賜則以朝鮮爲最多，琉球次之，安南則無任何賞賜。

表三：清廷對屬國國王、王妃之賞賜

國名＼賞賜對象	國王	王妃
朝鮮	順治十八年議准：大蟒緞、糚緞、補緞、倭緞各二疋，帽緞、閃緞、藍緞、青緞各五疋，各色緞十疋，共五十疋。	順治十八年議准：大蟒緞、糚緞、錦緞、倭緞、閃緞、帽緞、素緞各二疋，大緞、彭緞各三疋，藍緞二疋，紡絲、紗各四疋，共三十疋。
安南	順治十八年議准：蟒緞二疋，綵緞六疋，藍緞三疋，素緞、閃緞各二疋，錦三疋，紬、羅、紗各四疋。	
琉球	順治十一年議准：蟒緞二疋，綵緞六疋，藍緞三疋，素緞、閃緞各二疋，錦三疋，紬、羅、紗各四疋。	順治十一年議准：綵緞四疋、糚緞、閃緞各一疋，藍緞、青緞、錦緞各二疋，羅、紗各四疋。
暹羅	康熙四年，綵緞、羅各六疋，織金緞、紗、羅各四疋。	康熙四年，緞、紗、羅各三疋，織金緞、羅、紗各二疋。
典據	欽定大清會典事例卷五〇六，禮部，朝貢，賜予。	

如據前舉《大清會典事例》，卷五〇六的記載，清廷曾於順治十八年議准頒詔天下「恩詔有外藩王公加賜一款」，對四鄰各國國王、王妃及其使節人員的賞賜，除年例應進之貢，亦即對定期朝貢的賞賜外，有時也給予特別賞賜——加賞。就以上舉朝鮮、安南、琉球、暹羅四國言之，它們在順治、康熙、雍正年間所獲加賞情形如次：

表四：清廷對朝鮮、安南、琉球、暹羅四國國王、王妃之加賜、特賜

賞賜對象／國名	國王	王妃
朝鮮	順治十年，賀萬壽節，賜鞍馬一匹，黑貂皮二十張，銀百兩。雍正元年，朝鮮國王以慶賀入貢，特賜國王周易折衷、朱子全書各一部、松花石硯、法瑯器、筆、墨等物。雍正七年，國王陳奏：伊國賊黨謀逆，遣兵緝獲。特賜國王緞三十有二疋，綾八疋，康熙字典、性理精義、詩經傳說彙纂、音韻闡微各一部。順治十年議准：進年貢及賀元旦、冬至節，賞賜如聖節例，惟不給鞍馬。	
安南	順治十八年，出兵助剿海寇，賜國王大蟒緞、錦緞各二疋，綵緞表裏各十有二匹，銀五百兩。康熙元年，擒獻明裔，除照前恩賞外，加賞表裏三十疋，銀五百兩。康熙二十二年，遣使勅封國王，賜御書「忠孝守邦」四字。康熙六十年，加賜國王蟒緞、糚緞、倭緞表裏各十疋。雍正三年，特賜國王御書「日南世祚」四字、古文淵鑑、佩文韻府、淵鑑類函各一部，內庫緞二十疋，松花石硯、玉器、石器、法瑯器等物。	
琉球	康熙六十年，加賜國王蟒緞、錦緞各二疋，青藍綵緞、藍素緞、素緞、紬、羅、紗各三疋。雍正二年，遣王舅入貢，照康熙六十年加賜之例，又特賜國王御書「輯瑞球陽」四字，內庫緞二十疋，松花石硯、玉器、法瑯器等物。雍正三年，國王爲賜御書、玉器、綵緞謝恩入貢。賜國王康熙六十年加賞之例，又特賜國王內庫緞二十疋，玉器十件，玻瓈器二種共十件，瓷器十有二種，共百有五十件，法瑯器一件，松花石硯二方。雍正七年入貢，照康熙六十年加賞外，特賜國王內庫緞二十疋，玉器十件，玻瓈器二種共八件，瓷器十有四種共百有五十件，法瑯器一，白玉硯、松花石硯各一方。	
暹羅	康熙四年，賜國王緞、紗、羅各六疋，織金緞、紗、羅各四疋。康熙六十一年，加賜國王緞八疋，紗四疋，羅八疋，織金緞、紗、羅各二疋。雍正二年，照康熙六十一年加賜之例，又特賜國王各色緞二十疋，松花石硯、玉器、瓷器、法瑯器等物。雍正七年入貢，照康熙六十一年加賞例賜國王緞、羅各十有八疋，紗十有二疋，綿緞、織金緞、羅、紗各八疋。特賜國王御書「天南樂國」四字，內庫緞二疋，玉器八件，法瑯器一件，松花石硯二方，玻璃器二種共八件，瓷器十有四種共四十有六件。	康熙三年加賜緞、紗、羅各三疋，金緞、紗、羅各二疋。康熙六十一年，加賜緞織金緞、紗織金紗羅，金織金羅各二疋。
典據	欽定大清會典事例卷五〇六，禮部，朝貢，賜予。	

由上表觀之，清廷在順治、康熙、雍正三朝賜予朝鮮王的，除每年都有的聖節、元旦、冬至之許多物品及銀兩外，又曾於慶賀世宗登極，和該國平定其國內叛黨之時獲得特別賞賜。此與安南、琉球、暹羅較之，無論賞賜次數或所獲物品的種類、數量都居首。安南王之獲特賜與加賞共四次，首次係因在順治十八年出兵助剿海寇有功，第二次則因獲明裔之功而得加賞。由於這兩次有汗馬功勞，所以不僅賞賜物品特多，而且還各得銀五百兩。康熙六十年與雍正三年的加賜與特賜，因《大清會典事例》未記載賞賜理由，《清史稿》〈越南傳〉亦未述及，故可能屬一般獎賞性質。琉球王在此一期間所獲加賜與特賜亦共有四次，但俱非因功獲賞。雖然如此，其所得物品，不僅種類繁多，更獲貯藏於內庫之緞疋達三次，此乃其他三國無法比擬之處而值得注意。暹羅王獲加賜與特賜的次數與安南王、琉球王相同，所得物品的種類與數量則較安南王為多而與琉球王相仿，但無內庫緞疋。不過該國王妃卻在康熙年間先後獲得兩次加賜，此為其他三國王妃之所無，亦值得我們注意。

得在此附帶一言的就是：清廷對各屬國國王的遣使來華，並非每次都加賞，此事既可由表四看出其端倪，也可從《上諭檔》的紀錄獲得佐證。例如：乾隆五十一年（一七一二），有司擬酌加賞朝鮮、琉球兩國國王而將擬給予之物件開單進呈，俟發下交職司此事之太監，預備在呈覽後再行頒賞時，禮部卻以該兩國此次所進貢物品俱係年例應進之貢而認為無庸加賞。㉗

清廷對各國國王、王妃的賞賜與加賜、特賜的情形已如上述，那麼它對各該國家的使節人員之賞賜情形又如何？茲仍以《大清會典事例》，卷五〇六之記載為依據，將其賞賜情形表列如下：

表五：清廷對朝鮮、安南、琉球、暹羅四國使節之賞賜

國名 ＼ 賞賜對象	正使	副使	使者	通事 行人 從人
朝鮮	順治十八年議准：領時憲書差來使臣賞銀三十兩。			順治十八年議准：通事八兩，從人各四兩。凡各有咨部事件，齎咨官及通事、從人賞銀同。
安南	順治十八年議准：來使銀緞等物照琉球國例賞給。			順治十八年議准：緞、紗、羅、絹、紬、布，各有差。
琉球	順治十一年，正使王舅，綵緞表裏各四疋，閃緞一疋，羅二疋，紬、紗各四疋。	順治十一年，副使正議大夫，綵緞表裏各三疋，藍緞一疋，羅、紬、紗各二疋。	順治十一年，綵緞表裏各二疋，藍緞、紬、羅、紗各一疋。	順治十一年，緞、紬、紗、布、銀，各有差。
暹羅	康熙四年，賞綵緞、羅各四疋，絹二疋，布一疋，衣緞表裏各一疋。	康熙四年，每人正賞綵緞、羅各四疋，絹二疋，布一疋，衣緞表裏各一疋。		康熙四年，緞、羅、絹、布、韈，有差。
典據	大清會典事例卷五〇六，禮部，朝貢，賜予。			

由表五可知，琉球使節所獲加賜的物品，與獲賜人員的數目均較其他國家爲多，不過其正使如非王舅，則其所獲賞賜便與副使正議大夫相同。㉘王舅使華時所以能夠得到較優厚的賞賜之原因，可能在於他的地位較尊貴，身分較特殊的關係。

清廷不僅對遣使來華朝貢各國的國王、王妃有種種的加賜，對其使節人員也有同樣的優遇，而其賞賜情形則如表六之所示：

表六：清廷對朝鮮、安南、琉球、暹羅四國使節之加賜與特賜

國名＼賞賜對象	王舅	陪臣	正副使	書
朝鮮			順治十年，賀萬壽聖節，賜正使大緞、帽緞、彭緞、紬紡絲各一疋，銀五十兩，氈襪、一等鞾馬。副使同。又議准：進年貢、元旦節、冬至節之賞賜如聖節例。	順治十年，賀萬壽聖節賜大緞、彭緞、紬各一疋，
安南		康熙六十年，每人加表緞及裏紗、羅、絹各一疋，行人每人加表緞及裏絹布各一疋。雍正三年，各賞銀百兩，內庫緞六疋。		
琉球	雍正二年，賞王舅銀百兩，內庫緞八疋。雍正九年，特賜王舅玻瓈器三，玉器三，瑪瑙器一，石器一，銅法瑯器二，青綠鼎一，漆器八，瓷器十有二種，共十有九件。		康熙六十年，每人加緞紡絲各二疋，羅、絹各一疋。雍正三年，照康熙六十年加賞之例加賞。又特賜正使紫巾官內庫緞八疋，銀百兩。雍正七年，賞內庫緞四疋，銀五十兩。	
暹羅			康熙六十一年，貢使四人，每人加緞、羅、織金羅、絹各一疋，裏一疋。雍正二年，照康熙六十一年加賜之例賞賜。雍正七年，來使四人，每人各緞八疋，羅絹五疋，織金羅三疋，裏二疋，布一疋。內造緞八疋，銀百兩。	
典據				

狀官	大通官	押物官	船長	都通事、通事	番
銀五十兩，氈襪、二等韡。又議准進年貢、元旦節、冬至節之賞賜如聖節例	順治十年，賀萬壽聖節，共三名，各賜大緞一疋，紬一疋，銀三十兩，氈襪、馬皮韡。又議准：進年貢，元旦節、冬至節之賞賜如聖節例。	順治十年，賀萬壽節，共二十四人，各賜彭緞一疋，銀二十兩，氈襪，牛皮韡。又議准：進年貢、元旦節、冬至節之賞賜如聖節例。			
				康熙六十一年，都通事加緞、絹各一疋，青布一疋。留邊通事，加緞、絹各一疋，毛青布各二疋。雍正三年，都通事賞綵緞二疋，裏一疋，絹一疋，毛青布六疋。留邊通事同。雍正二年，通事緞四疋，銀三十兩。	
			雍正二年，照康熙六十一年加賜通事之例賞緞、羅、絹、裏等物。又，於原賞布疋外，再加賞十疋。	康熙六十一年，通事四人，二人加緞、羅、絹各一疋，裏一疋；二人加緞、羅、絹各一疋。雍正二年，照康熙六十一年加賜之例加賞緞、羅、絹、布。雍正七年，各緞羅五疋，絹三疋。	雍正二年，照康熙六十一年加賜從人之例，加賞絹
大清會典事例卷五〇六，禮部，朝貢，賜予。					

梢				、布各一疋。	
從人	順治十年，賀萬壽聖節，共三十人，每人各賜銀五兩。又議准：進年貢、元旦節、冬至節之賞賜如聖節例。	康熙六十年，每名加紬毛青布各一疋。	康熙六十年，加毛青布各一疋；留邊從人，加毛青布各二疋。雍正三年，至京從人，毛青布各六疋，留邊從人同	康熙六十一年，從人二十一名，加絹布各一疋。雍正二年，照康熙六十一年加賜之例加賞。雍正七年，每名各絹三疋，布八疋。	

由表六得知，清廷對朝鮮國使臣的加賜次數與加賜物品的數量均居其他國家之首，琉球、暹羅兩國次之，安南居末。琉球王舅於雍正二年（一七二四）來貢時獲加賜的原因，即如前文所說可能由於他的身分特殊而採取的特別措施。當時琉球、暹羅兩國來貢時都經由海路，但其船長之獲加賜者卻只有越南國。就其貢船而言，琉球是間年一貢，船兩艘，進貢人員不得逾一百五十名，許正、副使二員，從人十五名入京，餘俱留館待命。暹羅則正貢船二艘，員役二十名，補貢船一艘，員役六名，而每艘貢船不許逾百人，入京員役六名。因此，琉球的使節人員之獲准入京的員額雖遠較暹羅爲多，然其船長卻無法獲得優遇，其所以致此的原因則不可得而知之。雖然如此，我們卻可由此得知清廷對朝鮮使節的賞賜最爲優厚，琉球次，暹羅又次之，安南殿後。而朝鮮使臣所受待遇較琉球優厚之事，亦可從他們抵京後所獲頒賞之情形獲得證明。㉙

六、結　語

由前文可知，琉球與清廷之間的封貢關係，係經中朝再三遣使齎勅往諭之後方纔建立。在有清一代，琉球所得印章與安南、暹羅等國家同爲鍍金銀印，與朝鮮之獲金印者不同。當時琉球，凡王嗣位，須先請朝命，經清朝皇帝欽命正、副使奉勅往封，賜予印信，乃稱王。未封以前稱世子，權國事。㉚

清廷遣往琉球的冊封正、副使的地位、品秩均較明代遣往該國者爲高，惟與遣往朝鮮者之爲六部侍郎、啓心郎、大學士、翰林院學士較之，則其層次略低。就其派遣來華的貢使人員言之，琉球使節俱屬王舅、紫金大夫、正議大夫、長史等高層階級的人士，此與朝鮮之由其閣臣、尚書擔任使節的情形比起來，其層次並不低。在貢期方面，琉球的貢期和明代一樣，兩年一貢，此與安南、暹羅之三年一貢較之雖頗獲優遇，然在嘉慶十九年時卻與安南、暹羅一樣被改爲四年一貢，此與朝鮮之始終都是一年數貢比較，則有天壤之別。

就清廷對各國國王、王妃及其使節人員之賞賜而言，琉球所得次數與物品數量都比安南、暹羅諸國多，卻沒有賜予朝鮮者那麼優厚。在入京覲見皇帝時，琉球的排名次序通常都在朝鮮、安南兩國之後，暹羅諸國之前。雖然如此，琉球使節來華時附帶的貿易品享有免稅優待，朝鮮則除其本國產品外都要課稅，至於暹羅，則有減稅措施。㉛據此以觀，琉球在有清一代的冊封體制中所處的地位是在朝鮮之下，安南、暹羅等其他國家之上而位居第二。

【註釋】

①：鄭樑生，〈明代中琉兩國封貢關係的探討〉，收錄於琉中歷史關係國際學術會議實行委員會編，第二回琉中歷史關係國際學術會議報告《琉中歷史關係論文集》（那霸，編者發行，一九八九年三月），頁二二五～二五〇；及鄭著，《中日關係史研究論集》，一（臺北，文史哲出版社，民國七十九年七月），頁一二三～一五四。

②：林春齋，《華夷變態》（東京，東洋文庫，昭和三十三年三月）〈序〉云：「崇禎登天，弘光陷虜，唐魯纔保南隅，韃虜橫行中原，是華變於夷之態也」。

③：《歷代寶案》（臺灣大學影印本），卷三七，隆武二年三月，中山王世子尚質所上慶賀隆武登極之〈符文〉。

④：球陽研究會，《球陽》（東京，角川書店），卷五，尚質王四年，〈清世祖章皇帝登極〉條。

⑤：同前註。

⑥：同前註。

⑦：《歷代寶案》，卷三七，隆武五年二月，琉球中山王世子尚質致福建布政司〈咨〉。

⑧：《歷代寶案》，卷五，福建布政司致琉球國〈咨〉。

⑨：《歷代寶案》，卷二一，順治六年十一月十三日，中山王世子尚質致巡撫福建都察院〈咨〉。

⑩：《歷代寶案》，卷三，順治八年九月初八日，世祖促琉球國中山王繳還故明勅印之〈詔勅〉。

⑪：《世祖實錄》，卷六〇，順治八年九月乙亥朔壬午條。《球陽》，卷六，尚質王四年條記載與此相對應之文字云：「謝必振齎勅至國諭世子，並討還明印」。

⑫：《歷代寶案》，卷一四，順治十年二月二十七日，琉球國中山王世子尚質上清世祖〈表〉。

⑬：《世祖實錄》，卷七六，順治十年閏六月甲子朔戊子條云：「琉球中山王尚質，遣使、奉表、貢方物，兼繳故明勅印」。

⑭：《世祖實錄》，卷八二，順治十一年三月辛卯朔丁酉條。

⑮：《世祖實錄》，卷八三，順治十一年四月庚申朔丁丑條。

⑯：《歷代寶案》，卷六，順治十一年六月十五日，禮部致中山王世子尚質〈咨〉。

⑰：《中山世譜》（東京，井上書房，昭和三十七年七月，琉球史料叢書第四），卷一〇，大清嘉慶十三年戊辰夏條云：「冊封正使齊鯤，副使費錫章，齎奉詔誥臨國，追封故世子尚成為中山王。復諭祭故王尚温、尚成。誥曰：景風式典，紹封兼闡夫幽光；湛露覃禧，錫類不亡於繼序。永孝思而請命，載鑒葵忱。眷忠順，以推恩允綏茅胙。爾琉球國權署國事故世子尚成，夙孚民望，攝守藩疆。以稟命之不融，致恩綸之未被。燕翼衍瀛壖之澤，日篤不忘；象賢綿帶礪之休，毋替厥服。茲特追封爾為琉球國中山王，錫之誥命。於戲！龍光寵荷本支，慰肯構之思；鴻藻榮褒奕葉，奉來庭之職。克膺茂典，永賁遺徽。」

⑱：《球陽》，頁五，〈解說〉。

⑲：《清史稿校註》（臺北，國史館，民國七十九年五月），第十五冊，卷五三三，〈屬國〉，一，〈朝鮮〉。

⑳：同前註。

㉑：《清史稿校註》，卷五三三，〈琉球〉。

㉒：欽定《大清會典事例》，卷五〇二，〈禮部，朝貢，勅封〉。

㉓：欽定《大清會典事例》，卷五〇二，〈禮部，朝貢，貢期〉。

㉔：同前註。

㉕：《起居注冊》，乾隆五十五年正月初一日；嘉慶十三年正月初一日條。在此所引者僅是其一二例子，其他場合的排列亦復如此。

㉖：欽定《大清會典事例》，卷五〇六，〈禮部，朝貢，賜予〉，乾隆三十四年條。

㉗：方本《上諭檔》，康熙五十一年正月十三日、二十七日〈諭〉。

㉘：欽定《大清會典事例》，卷五〇六，〈禮部，朝貢，賜予〉。

㉙：如據方本《上諭檔》，嘉慶十年十二月二十六日之記載，當時清廷對該兩國的加賞是朝鮮三員，琉球兩員而前者多一員。

㉚：同註二一。

㉛：有關琉球國貢使及其遇難船隻所帶物品可享受免稅優待事，可參看《宮中檔》〈嘉慶朝檔〉，第二七〇六箱，第一七包，嘉慶二年五月十七日，閩浙總督兼署福州將軍管閩海關務魁倫〈奏爲琉球國貢船到關隨帶貨物遵例免稅摺〉；及《軍機處檔》，第二七五一箱，第三三包，第五三二四〇號，嘉慶二十二年九月二十五日，福州將軍兼管閩海關

務扎拉芬所上〈爲琉球國護送難商夷舡進口隨帶貨物循例免稅摺〉。朝鮮貢使來華時所帶物品，除其本國產品外須繳稅事，可參看《清史稿》，卷五三三，〈朝鮮傳〉。至於暹羅船隻來華時所帶貨物准予減稅事，則可參看《宮中檔》〈乾隆朝奏摺〉（臺北，故宮博物院影印本），乾隆十八年八月二十日，福州將軍兼閩海關事新柱〈奏報暹羅夷商帶米來廈照減免稅銀摺〉等。

明清兩朝對流球官生的處置

——以《琉球入學聞見錄》所見爲中心——

一、前　言

琉球之派遣其子弟來華留學，始自明洪武二十五年（一三九二）五月，中山國貢使與其王從子及寨官子偕來，請肄業國子監之際。當時太祖不僅允許其請求，也還賜與衣、巾、靴、襪並夏衣一襲。同年十二月，山南王亦遣其從子及寨官子入國學，其所獲賞賜也和中山王所遣者無二致。此後，凡由琉球來華的留學生，均歲賜衣服、糧食、錢鈔以爲常。①

迄至清代，世祖雖曾於順治四年（一六四七）六月，遣使前往該國詔諭其王，促其「將故明所給封誥印勅，遣使齎送來京，朕亦照舊封錫」。②但琉球王尙質之聽撫，將明朝所賜封誥印勅送還中國，係在六年之後。③其接受清廷冊封，則爲十一年七月，聖祖遣兵科副理事官張學禮，行人司行人王垓，齎勅印往封尙質爲中山王之時。④惟張學禮奉命後，因海寇未靖而躭誤若干時日，⑤故其抵達該國，已是送還印勑的八年之後。⑥或許因此關係，在史乘所能看到該國在清代派遣留學生來華的首次紀錄，是在明亡經四十年之後的康熙二十七年（一六八四），即琉球尙貞王十六年。尙貞曾爲遣其陪臣子弟四人赴京受學而請示康熙，⑦獲准後，也曾遣使入謝。⑧此後，琉球政府便不斷的派遣其子弟到中國接受教育，直到它被日本併呑爲止。其間，清朝政府也都接受那些留學生，讓他們在國子監讀書，並給予優渥待遇。

那麼，明、清兩朝政府對那些琉球留華學生的處置方式如何？茲以明、清兩朝《實錄》，及在乾隆年間擔任琉球官生教習的潘相所輯，乾隆甲申（二十九年）八月，仁和陸宗楷晃川氏序刊《琉球入學聞見錄》，尤其以後者所記載之內容爲中心，來探討此一方面的問題。

二、琉球之留華官生

琉球人子弟來華留學者可大別爲由政府派遣之官生，與自費留學生兩種。所謂官生，就是經由當時的琉球政府提出申請，經中國政府同意後被安排在北京或南京的太學、國子監讀書，並可享受日常生活上之優渥待遇者。自費生則其在中國期間的一切都須自理。

如據《明實錄》、《清實錄》、《琉球入學聞見錄》、《中山世譜》的記載，琉球從洪武二十五年，亦即從中山察度王四十三年（一三九二）至萬曆八年，即尙永王八年（一五八〇）之間，曾派遣留學生十六次，共五十一人，在有清一代則從康熙二十三年（尚貞王十六年，一六八四）至同治七年（尚泰王十一年，一八六八）之間，共遣十一次，凡四十五人。然《明實錄》在萬曆八年之後，《清實錄》則在雍正二年以後便無相關紀錄，故當時所遣次數與人數應較上舉者為多。

琉球官生之來華求學的，除國王之從子、寨官之子外，大都是陪臣子弟，故他們俱屬該國的上層階級。他們必須經中國政府批准，始能留學，那些留學生抵華後，都被安排在太學或南京國子監讀書。曰：

> 琉球國中山王察度及其子武寧，遣其使渥周結致等各進表箋，貢馬。察度又遣從子日孜每、闊八馬，寨官子仁悅慈入國學讀書。⑨

此係中山王國於洪武二十五年首次派遣留華學生的紀錄，當時除中山王國外，山南、山北兩王國也都遣其子弟來華留學。曰：

> 琉球國山南王承察度，遣使南都妹等貢方物，并遣姪三五郎尾，及寨官之子他盧尾、賀段志等赴國子監讀書。⑩

三五郎尾等在中國受學三年，回國後不久，復請再來求學而獲准。曰：

> 琉球國山北王攀安知，遣其臣善佳古耶等，中山王世子武寧，遣其臣蔡奇阿勃耶等，貢馬三十七匹及硫黃等物，并遣其寨官之子麻奢里、誠志魯⑪二人入太學。先是，山南王遣其侄三五郎亹入太學，既三年，歸省。至是，復與麻奢里等偕來，乞入太學。詔許之。⑫

由此觀之，琉球子弟來華肄業東歸後，有人因感所學不足而申請再度西來接受教育。上舉三則記事中雖有兩則未提申請入學事，但由後舉事例當可瞭解其西來受業，是須中國政府同意的。

琉球中山、山南、山北三國首次派遣其子弟來華留學的時間大致相同，可見當時他們仰慕華夏文化的程度並無軒輊，他們每次所派留學生，少則一人，多則六人，而以四人、五人的次數居多。那些官生在中國求學的時間，有的三年，有的七年而長短不同。不過值得注意的是，無論他們在學習上成績是否有差異，一起來的，都一起回國，當他們要回國時，也須中國政府核准。例如：

> 琉球國王世子尚清，遣陪臣蔡瀚齎方物、馬進貢。先是，國王尚眞於五年薨。六年，其世子尚清遣長史鄭繩等請封。……至是，復遣瀚等來貢，因申其請，并請原送監讀書官生蔡廷美等四人還本國婚娶禮。臣以爲……其欲廷美等歸國，宜聽其請。上從之。⑬

又如：

> 先是，琉球國官生梁炫等四人，遣學南京國子監。至是諭(踰)七年，國王尚清因奏，使移文。禮部言：「諸生荷蒙作養，頗曉文理。年已長成，兼本國之人應用。乞遣歸婚娶」。詔：「給洛⑭糧、驛騎，遣人護歸」。⑮

由上舉兩則記事觀之，那些官生要回國時，須像他們要來讀書時一樣，先由其本國向中國政府提出申請。又，他們申請返國的理由爲「婚娶」，則他們來華時的年紀可能都相當輕。

《球陽》〈解說〉謂：從明洪武（一三六八～一三九八）至天順年間（一四五七～一四六三）來

華的琉球官生，幾乎沒有唐榮出身的。唐榮人之以官生身分來華求學，始自憲宗成化十七年（尚眞王五年，一四八一）。該書卷三，「（尚眞王）五年，官生蔡賓等五人入監肄業」條云：

蔡賓等五人全貢使入京，於南京國子監讀書，憲宗歲給衣服、廩銀，俾通知中國禮儀，永遵王化。

《中山世譜》，卷六，憲宗成化十七年辛丑秋條則云：

王遣正議大夫梁應，長史蔡曦，使者秦那等奉表、貢馬及方物，并乞以陪臣子蔡賓等五人於南京國子監讀書。憲宗曰：「海南遠人，嚮慕文教，朕甚嘉之。令有司如舊制歲給衣服、廩饌，毋令失所，俾通知禮儀，永遵王化。」

而對其派遣蔡賓等來華求學之事有較詳細的記載：

蔡賓等五人雖於成化十七年獲選爲官生至南京國子監讀書，但其實際抵華的時間則爲翌年四月。《明憲宗實錄》，卷二二六，成化十八年四月己亥朔甲辰條云：

琉球國中山王尚眞奏，乞以其陪臣之子蔡賓等五人於南京國子監讀書。禮部按洪武、永樂、宣德間例以聞。上曰：「海南遠夷，嚮慕文教，朕甚嘉之。矧在先朝已有舊制，其令蔡賓等於南監肄業，有司歲給衣服、廩饌，毋令失所，務俾通知中國禮義，永遵王化，顧不美歟」。

此後，琉球之派遣官生未曾停止。如據《中山世譜》，卷一〇的記載，在嘉慶七年（尚溫王八年，一八〇二）來華朝貢，並遣官生向尋思、向世德、鄭邦孝、周崇橋等四人入國子監讀書之際，爲增加其入監讀書之人數，乃以「副官生」名義增遣向善榮、毛長芳、蔡戴聖、蔡思恭四人。這批進貢人員與留學生在同年十月六日開船，但可能中途遇難，未抵中國。⑯故於九年遣耳目官毛廷勳，正議大夫鄭國鼎等來貢之際，又遴選官生向邦正、毛邦俊、梁文翼、楊德昌等四人，及副官生伯恢緒、榮景祉、孫國棟、紅泰熙等四名入監習業。當時琉球雖曾行咨閩省，而該省官員也隨即向仁宗提出報告，但仁宗以爲「遣副官生洵屬格外，令其歸國」，故其四名副官生不得不於兩年後，隨其貢使楊克敦、梁邦弼一行回國。⑰由於清朝政府不准所謂副官生留學，所以此後便不再有增遣這類留學生之舉。清廷之所以對琉球官生之名額有所限制，應與爲他們所安排之住宿設施等有關。此事容於下節探討。

茲將琉球在明、清時代派遣留學生來華的情形表列如下：

表一：明清時代琉球官生來華情形一覽表

來華時間	西元	琉球王	說明	人數	回國時間	典據
洪武二十五年五月癸未	一三九二	察度	中山王察度，遣從子日孜每、闊八馬，寨官子仁悅慈入國學讀書。	三		明太祖實錄，卷二一七。
二十五年十二月庚申	一三九二	承察度	山南王承察度，遣姪三五郎尾，寨官之子實他盧尾、賀段志等赴國子監讀書。	三	洪武廿九年十一月	明太祖實錄，卷二二三、二四八。
二十六年四月辛卯	一三九三	察度	中山王察度，遣其寨官子段志每入國學讀書	一		明太祖實錄，卷二二七。
二十九年十一月戊寅	一三九六	攀安知 承察度	山北王攀安知，中山王世子武寧，分別遣使來貢。……並遣其寨官之子麻奢里、誠志魯二人入學。先是，山南王遣其侄三五郎亹入太學，既三年，歸省。至是，復與麻奢里等	二		明太祖實錄，卷二四八。

			偕來，乞入太學。詔許之。			
永樂三年五月乙巳	一四〇五	汪應祖	山南王汪應祖，遣寨官子李傑赴國子監受學	一	永樂六年	明太宗實錄，卷四二；琉球入學聞見錄，卷三。
四年三月壬辰	一四〇六	武寧	中山王武寧，……遣送寨官子石達魯等六人入國子監受學。	六		明太宗實錄，卷五二。
八年六月庚子	一四一〇	思紹	是日，琉球國官生模都古等二人⑱入國子監受學。	二	永樂十一年五月	明太宗實錄，卷一〇五、一四〇。
九年二月癸巳	一四一一	思紹	中山王思紹，遣王湘（相）之子懷德，寨官子祖魯古入國子監受學。	二		明太宗實錄，卷一一三。
十一年二月辛亥	一四一三	思紹	中山王思紹，……送寨官之子鄔同志久、周魯每、恰那晟其三人入國子監受學。	三		明太宗實錄，卷一三七；琉球入學聞見錄，卷三。
成化十八年四月甲辰	一四八二	尚眞	中山王尚眞奏：「乞以其陪臣之子蔡賓等五人於南京國子監讀書」。憲宗允之。	五	成化二十二年三月	明憲宗實錄，卷二二六、二七六。
正德五年正月癸酉	一五一〇	尚眞	中山王尚眞請以官生蔡進等五人入國子監讀書，詔：「許送南監。……」	五		明武宗實錄，卷一五九。
嘉靖五年四月己丑			琉球國官生蔡廷美等四人請就國學讀書。上嘉其志，令禮部照例給廩米、薪炭及冬、夏衣服。	四	嘉靖九年三月	明世宗實錄，卷六三、一一一。
十六或十七年	一五三七或一五三八	尚清	先是，琉球官生梁炫等四人遣學南京國子監。至是，踰七年，國王尚清因使奏移文。禮部言：「……乞遣歸婚娶。」詔：「給咨糧、驛騎，遣人護歸。」	四	二十二年十一月	明世宗實錄，卷二八〇。
二十九年二月丁巳	一五四九	尚清	琉球國王尚清，遣陪臣子五人詣京師，請入	五	三十四年	明世宗實錄，卷三

			監讀書。詔許之。		十一月	八三、四二八。
四十四年		尚清	鄭迴、梁炤等入學，歸國後累官至法司。	二		琉球入學聞見錄，卷三。
萬曆八年十一月戊午	一五八〇	尚永	琉球國遣陪臣子鄭周⑲、鄭迪、蔡常三名求入太學讀書、習禮。命送南京國子監肄業。	三		明神宗實錄，卷一〇六、一一七、一九二。
康熙二十三年六月丁未	一六八四	尚貞	中山王尚貞，親詣冊封使汪楫館會，請轉奏其願令陪臣子弟四人赴京受業。從之。	四		清聖祖實錄，卷一一五。
二十四年			奉旨，許遣官生阮維新、蔡文溥等三人入學讀書。	三	康熙三十一年	琉球入學聞見錄，卷三。
二十七年三月己酉	一六八八	尚貞	中山王尚貞遣使入貢，請以子弟梁成楫等三人⑳入監讀書。允之。	三	三十二年九月	清聖祖實錄，卷一三三、一六〇。
六十一年十一月	一七二二	尚敬	遣官生蔡用佐、蔡元龍、鄭師崇三人同貢使毛弘健等赴京，入監讀書。	三		琉球入學聞見錄，卷三。
雍正二年三月丁亥	一七二三	尚敬	琉球國王尚敬，……并遵旨遣官生鄭秉哲、鄭繩、蔡宗訓三人入監讀書。㉑			清世宗實錄，卷一七；琉球入學聞見錄，卷三。
乾隆二十三年冬	一七五八	尚穆	尚穆王遣毛世俊，鄭士綍等奉表入貢，并遣官生梁允治、蔡世昌、鄭孝德、金型四人入監讀書。	四	乾隆二十七年冬	中山世譜，卷一〇
嘉慶七年	一八〇二	尚溫	遣使入貢，且遣官生向尋思、向世德、鄭邦孝、周崇橋等四人，及副官生向善榮、毛長芳、蔡戴聖、蔡思恭四人入監讀書。	八		中山世譜，卷一一
九年	一八〇四	尚成	遣使入貢，並遣官生向邦正、毛邦俊、梁文翼、楊德昌等，及副官生伯恢緒、榮景祉、	八		中山世譜，卷一一

			孫國棟、紅泰熙等入監習業。因遣副官生事屬例外，被拒。			
十五年	一八一〇	尚灝	遣使入貢，并遣官生毛世輝、馬執宏、陳善繼、梁元樞等四人入監讀書。	四		中山世譜，卷一一
道光二十年	一八四〇	尚育	遣使入貢，并遣官生向克秀、東國興、阮宜詔、鄭學楷等四人入監讀書。	四		中山世譜，卷一二
同治七年	一八六八	尚泰	遣使入貢，且遣官生毛啓祥、葛兆慶、林世功、林世忠等入監讀書。	四		中山世譜，卷一三

前文已說，明、清時代來華留學的琉球人，除官生外尚有不少自費留學生。凡有意自費到中國讀書的，經首里王府核准後，前往福州肄業。他們西來時，大都跟隨本國的朝貢使節人員渡閩。他們停留中國的時間初無限制，惟至雍正九年（尚敬王三年，一七三一），被限定為七年。㉒雖然如此，其留華期限仍較表一所見三至五年為長。無論官生或自費生，他們之所以不畏艱險，遠渡大洋到中國讀書，其目的不外乎為學習當時遠較他們國家進步的華夏文化，以為進入官途的敲門磚。

由於唐榮子弟之對華學有造詣者日多，所以不知從何時開始，華學便成為久米村的鄉學，除有關朝貢的事務外，凡事關華文的，無不由唐榮人負責處理。以華文書寫之紀錄如《琉球國舊記》、《中山世譜》、《球陽》等，也都由他們編撰，㉓執該國華學之牛耳，而居於重要地位。

三、廩給的給賜

在明、清時代，琉球子弟之來華留學的雖有官生、自費生之別，惟因自費生之求學與日常生活的一切都須自理，而且其姓名與夫在華期間的活動情形，或其人數等也難於查考，所以在此僅就明、清兩朝政府到底給那些官生怎樣的待遇？其支給各種物品的情形又如何等問題進行探討。

1 明代

在此，首先考察明代支給琉球官生的廩給之內容。每當官生們抵華時，明廷都會發給日常生活所需之糧食、衣物、寢具、錢鈔，並安排其住宿，使他們都能夠安心向學。例如：當中山王察度於洪武二十五年五月，首次派遣之留學生日孜每、闊八馬、仁悅慈等三人抵華時，明太祖即下令「各賜衣巾、靴、襪，并夏衣各一襲，鈔五錠」。㉔同年十二月，山南王承察度遣其姪三五郎尾，及寨官之子實他盧尾、賀段志等赴國子監讀書時，則「詔賜三五郎尾等鈔各五錠，爛衫、緇巾、皂絛、靴、襪，並文綺、紬絹衣各一襲」。㉕此後，每當琉球官生初抵中國，明朝政府都會支給與上舉內容大致相同之日用品、糧食及錢鈔；且於每年季節變換之際，另行賞賜。惟在有明一代，其給賜廩給似無一定標準，此可由表二所列情形推而知之。

表二：明代賞賜琉球官生情形一覽表

賞賜年月	西元	說明	典據
洪武二十五年五月	一三九二	賜日孜每、闊八馬、仁悅慈等，各衣巾、靴、襪，并夏衣一襲，鈔五錠。	明太祖實錄，卷二一七。
二十五年八月	一三九二	賜琉球生日孜每、闊八馬等羅衣各一襲，及靴、襪、衾褥。	明太祖實錄，卷二二〇。
二十五年十二月	一三九二	三五郎尾、他盧尾、賀段志等赴國子監讀書，詔賜三五郎尾等鈔各五錠，襴衫、縚巾、皀縧、靴、襪，并文綺、紬絹衣各一襲。	明太祖實錄，卷二二三。
二十六年四月	一三九三	賜國子監琉球生、雲南生夏衣、靴、襪。其傔從之人亦皆有賜。	明太祖實錄，卷二二七。
二十六年八月	一三九三	賜國子監琉球生仁悅慈等羅衣各一襲，其從人亦給布衣。	明太祖實錄，卷二二九。
二十六年十一月	一三九三	賜國子監琉球生及雲南生賀段志等襲衣，鈔錠。	明太祖實錄，卷二三〇。
二十七年四月	一三九四	賜國子監琉球生夏衣。	明太祖實錄，卷二三三。
二十八年九月	一三九五	賜國子監琉球生秋、冬衣，及賜其從人，有差。	明太祖實錄，卷二四一。
二十九年二月	一三九六	詔遣國子監琉球生三五廊（郎）亹等歸省，賜三五郎亹白金七十兩，綵段六表裏，鈔五十錠。寨官子實那盧亹等鈔二十錠，綵緞一表裏。	明太祖實錄，卷二四四。
二十九年五月	一三九六	賜國子監雲南、琉球生夏衣。	明太祖實錄，卷二四六。

二十九年九月	一三九六	賜國子監琉球生秋、冬衣。	明太祖實錄，卷二四七。
二十九年十一月	一三九六	山南王所遣三五郎亹入太學三年歸省後，復與麻奢里、誠志魯等偕來，乞入太學。詔許之，仍賜衣、巾、靴、襪。	明太祖實錄，卷二四八。
三十年八月	一三九七	賜國子監琉球生仁悅慈等羅衣，人一襲。	明太祖實錄，卷二五四。
三十年九月	一三九七	賜國子監琉球生冬衣。	明太祖實錄，卷二五五。
三十一年四月	一三九八	賜國子監琉球、雲南生夏衣。	明太祖實錄，卷二五七。
永樂三年五月	一四〇五	山南王汪應祖，遣寨官子李傑赴國子監受學，賜夏衣一襲。	明太宗實錄，卷四二。
十一年十二月	一四一三	賜國子監琉球、雲南、四川生懷德等四十六人冬衣、靴、襪。	明太宗實錄，卷一四六。
十二年六月	一四一四	皇太子賜國子監琉球生益智每等二人羅衣、布衣各一襲，及襴衫、靴、襪、衾褥、〔幃〕帳等物，賜其從人有差。	明太宗實錄，卷一五二。
十二年十二月	一四一四	賜國子監琉球生鄔同志久等三人鈔及衣物。	明太宗實錄，卷一五九。
十三年五月	一四一五	賜國子監琉球、雲南生益智每等九十二人夏衣。	明太宗實錄，卷一六四。
十四年六月	一四一六	賜國子監琉球、雲南生百一十九人夏衣。	明太宗實錄，卷一七七。
成化十八年四月	一四八二	琉球國中山王尚眞，乞以其陪臣之子蔡賓等五人於南京國子監	明憲宗實錄，

		讀書。……上曰：「……有司歲給衣服、廩饌，毋令失所……」。	卷二四六。
正德五年一月	一五一〇	中山王尚眞請以官生蔡進等五人入國子監讀書。詔：「許送南監，仍給廩等物如例」。	明武宗實錄，卷五九。
嘉靖五年四月	一五二六	琉球國官生蔡廷美等請就國學讀書。上嘉其志，命禮部照例給廩米、薪炭，及冬、夏衣服。	明世宗實錄，卷六三。
二十二年十一月	一五四三	琉球官生梁炫等四人，遣學南京國子監，……踰七年。……禮部言：「諸生荷蒙作養，頗曉文理。年已長成，兼本國人之應用。乞遣歸婚娶」。詔：「給咨(資)糧、驛騎，遣人護歸」。	明世宗實錄，卷二八〇。
萬曆八年十一月	一五八〇	琉球國遣陪臣子鄭周、鄭迪、蔡常求入太學讀書、習禮。……如例給予衣糧。	明神宗實錄，卷一〇六。

由表二觀之，明廷除供應官生們在華期間所需一切用品外，他們學成歸國時，也給與相當優厚的賞賜。例如：洪武二十九年回國的山南王之侄三五郎亹，他獲賜白金七十兩、綵緞六表裏、鈔五十錠。與他同時回國的寨官之子實那盧亹等人，則獲鈔二十錠、綵緞一表裏。又如在嘉靖二十二年十一月返國的梁炫等四人，他們獲准回國時，世宗不僅「給資糧、驛騎」，也還下令「遣人護歸」。至於每位官生的跟伴，也不時得到賞賜。值得注意的是，那些官生回國時所獲物品的內容與多寡，似與各該生之出身背景有關。

2 清代

我們雖無法從文獻史料看出明代支給琉球官生的廩給之標準，但在清代，對此一方面已有相當明確的規定。如據《琉球入學聞見錄》，卷三，〈廩給〉條的記載，清代來華求學的琉球官生所需食物由光祿寺支給，工部給衣服、器用，戶部給口糧、紙、筆，而日有餼，月有賜，季有賚。下至傔從，纖悉曲盡。復由於當時政府格外體恤那些官生，故特命行文工部，應給物件俱著交內務府辦給，以減少領取時的手續。

當時各衙門應給等項既豐富，且完備，就聖祖時期言之，該〈廩給〉條云：

康熙二十七年，琉球官生梁成楫等入學。禮部議准官生照都通事之例，每日給雞一隻，肉二斤，茶五錢，腐一斤，椒、醬、油、菜等俱備。每年春、秋賜綿緞袍褂，紡絲、紬褲各一，涼帽各一，靴、襪各一雙。夏賜紗袍褂、羅衫、褲各一。冬，緞面羊皮袍褂、綿襖、褲各一。貂帽、皮靴、絨襪、被褥、席（蓆）枕俱備。從人皆有賜。每月硃、墨、紙、筆銀各一兩五錢。

我們雖不知康熙二十三、二十四年來華的兩批官生阮維新等七人所得物品的種類與數量，但雍正二年十一月抵達的鄭秉哲等三名所獲賞賜，與梁成楫等相同。而此後來華的，似乎都根據康熙二十七年題准之例給賜。

禮部議准的條例雖比照琉球都通事來貢時的給賜方式，但未必都給實物。例如：乾隆二十三年到中國的官生梁允治等，於同年十二月入京，其所獲食物之內容如次：

△官生食物等項，俱照康熙二十七年題准之例，每官生一名俱照進貢都通事之例，每日各給白米二升，跟役每日各給白米一升。國子監每季核算人數，小總計若干石，咨戶部關領火倉白米。

△官生食物，每人每日給雞一隻，肉二斤，茶葉五錢，豆腐一斤，花椒五分，清醬四兩，香油四

錢，醬四兩，黃酒一瓶，菜一斤，鹽一兩，燈油二兩。跟役每人每日給肉一斤，鹽一兩，菜十兩。

當時支給的食物種類與其數量雖如此，但並非給與實物，乃比照支給公主、格格之例折價支給，亦即根據「乾隆二十一年七月內，經忠勇公傅奏准本（光祿）寺交送內庭所用豬口肉斤雞、鴨、鵝隻等項，交膳房辦理。公主、格格分例景山咸安宮、太醫院等處，外用差務，仍係光祿寺辦理，當經本寺行文各該處，將所用雞隻、肉斤數目，按月咨行本寺核算折價，各該處持領付寺，給發錢糧，悉遵原奏辦理」。㉖因此：

琉球官生梁允治等入監讀書，所有應食雞肉斤，自應遵照奏准折給之例畫一辦理。相應行文貴（國子）監查照辦理。除將算開茶葉、黃酒、油、鹽、醬、茶等項本寺按依每月來文辦給外，至應給雞隻肉斤，每月將伊等用過零總數目扣除小建禁屠，一併行文過寺核算，給發錢糧，於每月三九之期出具印領，赴寺支領。仍將本寺題定雞隻肉斤價值，並應扣帶銷銀兩開單，知照貴（國子）監查辦。㉗

而准此每月監領銀兩交給官生等自用。至於廚役、火夫，則「每月由（光祿）寺另給銀兩四兩五錢，聽其自雇」。㉘亦即當時的中國政府非僅供應琉球官生留華期間所需的一切生活物品，也還爲他們支付廚役，火夫的工資。

烹飪食物時需要燃料，清廷給他們的是：

> 每日應用煤炭，照例內務府煤炭局每日應送煤三十斤，白炭三斤。每月總扣若干斤，遣役送給。冬月至正月，每人每日各加送烤炭、白炭五斤。十月底總計三月若干斤，遣役送給。㉙

即除日常烹飪、盥洗所須者外，在各季則增加其供應量，以爲取煖之用。那些燃料，均由煤炭局派人送至官生們的住處。

關於官生們的衣帽，也有如下規定云：

> 官生衣帽等項，內務府廣儲司遵旨辦給。官生每人冬季各給貂皮領、袖，官用緞面細羊毛袍褂，紡絲錦襖、中衣各一件，染貂帽各一頂，鹿皮靴、連氈襪各一雙（此次鹿皮靴改給緞靴）。春、秋二季，各給官用緞面杭紬裏綿袍，官用緞面紡絲紬裏綿褂、紡絲衫中衣各一件，絨緯涼帽各一頂，官用緞靴各一雙，馬皮靴各一雙（此次馬皮靴亦改給緞靴）。夏季各給硬紗袍褂、羅衫中衣各一件。每年春季各給紡絲面布裏棉被、棉褥、紡絲頭枕各一分。㉚

此乃清政府有關支給琉球官生之衣帽、靴、襪方面的規定。由此，我們得知當時中國給每位官生的衣物之數量與其質料。惟其所支給者都是外衣與中衣而無內衣，這是否表示他們所穿內衣褲須自理？又，前文說：「每月由光祿寺另給銀四兩五錢自雇」廚役、火夫，則其衣物之清洗，必是各自料理。

就居住方面言之，清政府也提供官生們居住之房舍。《琉球入學見聞錄》，卷三，〈廩給〉條云：

> 官生住房，撥西廂居之。後一進五間，官生四人，各住一間。中一間爲講堂。正廳三間，中一間設公座，爲堂官稽查之所。東一間，教習居之，西一間，貯食用之物。西耳房二間爲廚房，

住廚役、伙夫各一名，東耳房住各從人。下至湢浴溷側，莫不修備。每歲四月之朔，國子監行文內務府，府遣官役高搭前、後涼棚二座，八月底自行撤回。

亦即四名官生每人各住一房，跟伴四名則同居一室。而他們受學的場所，老師的住處，及考核他們學業的地方，也都在同一地點。也就是說，他們的食、宿處所與學習場地都被安排在一起。官生們與其跟伴們都食、宿與共，這種安排對遠離家鄉的他們而言，不僅可以就近相互照顧，也可以減輕鄉愁。我們雖無從得知明代來華的官生們是否曾經享受到這種方便，但清政府對他們的這種愛護與關照，應可使之有賓至如歸之感。而琉球在清代所遣官生，每次都是三至四名，清政府之所以不准以「副官生」名義，多派留學生來的原因，可能與此住宿的安排問題有或多或少的關聯。又，教習既與官生們同住一處，則其膳食可能也與他們一併料理。

清政府不僅對官生們的食、衣、住問題作妥善的安排，而且對其日用器具也作詳細規定。如據此規定，則其所用各種器具在雍正二年（一七二四）以後有所增加。上舉〈廩給〉條又曰：

官生等用物，內務府廣儲司遵旨辦送。照雍正二年之例，加增應用錫燭臺四箇，錫燈臺四箇，錫茶壺二把，錫酒壺二把，黃銅面盆四箇，磁大碗二十箇，小碗二十箇，小盤十箇，碟子十六箇，茶鍾十六箇，蓆子十領，白氈八條，高棹六張，滿棹四張，板凳六條，椅子八張，綿布門簾六箇，竹門簾六箇，盛書大豎櫃四箇，火盆四箇，廣鐵鍋二口，小磁盆六箇，水缸四口，連鈎扁擔、水桶一副，其筷子、木杓、柳罐、笤帚、竹掃帚、鐵通條、鍋蓋、砂鍋、木瓢等物，

> 皆各備具。木器、磁器如有損壞，監咨內務府，仍隨時添補。

由此所列舉之物品觀之，非僅日常所需者應有盡有，其數量也相當充裕，這在當時的一般家庭，恐怕未必如此齊全。由於只要由國子監咨請內務府，便可隨時添補損壞的器具，故始終能保持這種設備而不虞匱乏。

清政府給與官生的待遇既如上述，那麼對其跟伴又作如何處置？《琉球入學聞見錄》，卷三，〈廩給〉條云：

> 跟伴四人，每年冬季各給布面老羊皮袍、布綿襖、中衣各一件，貉皮帽各一頂，馬皮幫牛皮靴、布襪各一雙。春、秋二季，各給布棉袍、褂各一件。夏季給單布袍、布衫、中衣各一件，雨纓、涼帽各一頂。每年春季給布棉被、褥、頭枕各一分。

由此可知，其跟伴四名也與官生一樣，也都由中國政府根據時令發給各類衣、帽、靴、襪，惟他們所獲物品之數量沒有官生那麼多，品質也較差。這些物品，「除庫貯者領取成做給發外，其庫無之染貂皮帽、貉皮帽、絨纓涼帽、雨纓涼帽，交該辦買催總等，每季按時買給」。而「此項應給衣帽，俱於每年二月、五月、十月間，國子監按具出具印領，內務府照數遣官送給」。

由上文觀之，明、清兩朝對琉球官生與其跟伴都給賜廩給，但明代的給賜方式，除其初抵中國時之賞賜外，對於根據時令給賜者似無定例。迄至清朝，則根據前一時代的經驗，作比較妥善的安排。故其支給作業都能夠根據規定，按部就班的去做。

當時，不僅對官生們求學期間的日常生活給與妥善的照顧，而且對其發生意外，也給與優厚的撫恤。《中山世譜》，卷一〇，尙穆王乾隆二十三年戊寅冬條云：

> 王遣耳目官毛世俊，正議大夫鄭士綽等奉表入貢（毛世俊在閩病卒），井遣官生梁允治、蔡世昌、鄭孝德、金型四人入監讀書。……奈金型、梁允治二人，入監未幾病故。俱蒙皇上特恩，各賜白銀三百兩，共計六百兩。內留各一百兩，官修營葬，以各二百兩，共有四百兩，以咨寄賜各家。

我們雖無從得知金型、梁允治二人來華不久就病歿的原因，但清政府對這兩位異國子弟，不僅給予安葬，還將撫恤金送給各該喪家。

《中山世譜》，卷一三，尙泰王同治七年七月戊辰條亦云：

> 遣耳目官向文光，正議大夫林世爵等捧表進貢。且遣官生毛啓祥、葛兆慶、林世功、林世忠等入監讀書。該官生等叨蒙皇上隆恩，照例賞賜日用食物，四季衣服。其跟伴等亦蒙照例賞給衣食。且官生毛啓祥在途病故，叨蒙皇恩賞卹白銀三百兩。其三十兩備辦葬事，其二百七十兩給交該家收領。

毛啓祥在抵北京前，中途病亡，但清廷仍給喪葬費與安家費，由此可見中國政府對官生的愛護與重視，並且亦可由此得知，清廷給與病歿者的撫恤金額有一定的標準。

四、官生的教育

1 教師

明、清時代既然接受琉球官生的留學，將他們安排在太學或國子監受業，就必須要有專門負責指導那些外國學生之學業的教師。此教師在明代究竟如何稱呼，雖不可得而知之，但在清代則叫做「教習」。

清代教習之設始自康熙二十七年，梁成楫等三位官生入學之際。當時，聖祖特命司成於肄業正途貢生中，遴選學行俱優者奏舉一人爲教習，專司講解。並派博士等官經理之，堂官不時加以謹慎稽察，有如周制之舊。[31]如據《琉球入學聞見錄》，卷三，〈教習〉條的記載，自康熙二十七年起，至乾隆二十九年之間，擔任教習者如表三。

表三：康熙、雍正、乾隆三朝教習名籍表

姓名	籍貫	經歷	典據
鄭名闕	福建	康熙二十七年補教習，一年去。	琉球入學聞見錄
徐振	浙江寧波	拔貢生。康熙二十八年補教習，三年咨部議敘，以州同即用。	琉球入學聞見錄
李著	湖北公安	拔貢生。雍正二年補教習，數月去。	琉球入學聞見錄

趙奮翼	陝西潼關	拔貢生。擁正三年補教習。事竣，咨部議敘，以知縣即用。	琉球入學聞見錄
潘　相	湖南安鄉	乾隆六年拔貢生。二十三年，考充武英殿校書。二十五年，琉球官生鄭孝德等入學，經國子監奏充教習。本年應順天鄉試，中式，四十一名；二十八年會試，中式，三十五名；二十九年，鄭孝德等還國，教習事竣。二月初四日，本監帶領引見。奉旨：潘相著以知縣用。四月，選授山東登州府福山縣知縣。	琉球入學聞見錄

由上文可知，當時擔任教習的，都是貢生出身而學行俱優的年輕學者。其所以遴選年輕學者擔任這種重要工作，應與年輕人富於工作熱忱，及官生們也年輕，彼此年齡相仿，容易相處、溝通有關。同時，我們也由此可知，每當官生來華時，中國政府就要選派教習。該批學生回國以後，教習的職務便告結束，所以歷次來華的官生們之教習都不相同。

2 教規

眾所周知，古今中外，無論哪一個層次，或哪一種性質的學校及學習場所，都有種種規定，使學生們遵行，對其行為作某種程度的約束。明、清兩朝政府對琉球官生的日常生活也作種種規定，名曰「教規」。

我們雖不知明代對琉球官生所訂教規的內容如何，但如據《琉球入學聞見錄》，卷三，〈教規〉條的記載，在教規前列舉中國往日著名的教規如：朱子「白鹿洞教條」，眞西山「教子規」，程子「學則」，呂維祺介孺四譯館「訓士三箴」等，然後說：

右先儒教學遺規，不能詳錄，然得此而玩心焉，固終身用之不能盡也。竊念諸生地居炎徼，人慕華風，緣國典以陳言，邀天思而入學。儒途遠大，經義淵深。問學宜勤，率由匪易。其各仰遵前規，恪聽師言。有物有恒，毋蕩閑而踰檢；自卑自邇，庶行遠而登高。

而列舉如下之七則「規條」使其遵行云：

一、每月朔、望，早起沐浴，正衣冠，候大人拜廟後隨班拜廟，三跪九叩首。次拜後殿，三跪九叩首。次謁文公祠，一跪三叩首。已，隨詣彝倫堂，上堂打三躬，退詣講堂打三躬。

一、未領衣冠時服該國冠服，已領之後，即服所賜冠服。

一、每日早起，沐浴，正衣冠，詣講堂聽講《小學》數條。《小學》完，講《近思錄》。飯後，講經數條，臨帖。燈下講四六、古文各一篇，詩一首，次日背誦。

一、講書之時，諸生以齒序立，專心聽講，或有語言不通，意義未曉者，須再三問明。

一、聽講之後，各歸本位肄習。衣冠必整肅，出入必恭敬，行步必端莊，不得笑語喧譁。

一、逢三日作詩一首，不拘古、律；逢八日作四六一篇，或論、序等類一篇。

一、跟伴須各自約束，不得恣其出入，聽其傲慢有乖禮法。

由此「規條」觀之，清政府對官生們的日常作息之規定相當嚴格。他們必須黎明即起，每逢朔望則須隨教習拜廟、拜殿、拜文公祠，並上彝倫堂行禮。每日須穿戴中朝給賜之衣冠，禁穿本國服飾。他們受學的場所在住處隔壁的講堂，每日上下午講授的課程亦有規定。而聽講時須依年齡之大小站立。因他們每日都要背書、習字，每逢三日、八日要作詩、文，故其學習生活相當忙碌。此外，那些隨他們到中國的跟伴，則須各自約束其行爲，不得違反禮法。

3 變習尚

上舉「規條」第三條說：「……詣講堂聽講《小學》數條，《小學》完，講《近思錄》」。如據《琉球入學聞見錄》的記載，其所以爲琉球官生講授這兩部書的理由是：

> 學者之病，大半在於以取利祿爲急務。今諸生世祿、世官、富貴本所自有，奔競之習，得喪之念，既不庸縈於懷來，其於學也甚易。誠能志於正學，先取《小學》立教，明倫敬身，稽古內外之篇，講習而服行之，得其培根達文之教，有以收其放心而養其德性。然後取《近思錄》一書而誦讀之，而踐體之。凡夫求端，用力修己治人，辨異端，觀聖賢之道，皆能見其梗概。由是可以進究乎《四子》、《六經》，而求聖賢之大全。蓋修身大法備於《小學》；義理精微詳於《近思錄》。《近思錄》者，《四子》之階梯，《四子》者，《六經》之階梯也。㉜

由於當時琉球的文化較中國落後，故清朝當局似有意透過那些官生逐漸改良該國習尙，使之更趨文明之意。《琉球入學聞見錄》云：

> 問：「下國習尚，各有所宜，祈俯而教之，何如」？曰：「夫人函五常之性，乘五土之氣，故其材不一而其俗各殊。幽、燕之沉勁，吳、楚之剽疾，囿於墟也；唐、魏之勤儉，鄭、衛之淫泆，染於俗也。古之聖人明於此，莫不以變習尚爲先務。故直寬剛簡，化以詩樂；沉潛高明，歸於正直；而南北強勇，必進之君子以和其血氣，心知而約之於仁義中正，故曰：『司徒修六

禮以節性，明七教以興德，齊八政以防淫，一道德以同風俗』。方今堯文炳煥，萬國同書，象寄狄鞮，靡不一其心志而新其見聞。蓋聲教漸被暨訖，涵煦於百數十年之深者，不問海內外無大小，咸風移而俗易也。諸生萬里來學，固將以去故而即新也」。㉝

亦即希望他們能夠變化氣質，去故而即新，學成東歸後，改變其本國人之習尙。因此，在上擧文字之後繼言古之所謂豪傑必有轉風氣而不爲風氣轉之心，而中國自古以來，一國之風，一方之俗，莫不變於一人而傳於千載。故習尙非一蹴可幾，乃漸之者使然。曰：

且即琉球論之，隋、唐以前不通中土，史書所載，薦紳難言，近自明初入貢，漸染華風。繼之以國主好文，遣子弟入學，又繼之以三十六姓之往鐸而士知禮義，然猶未曠然一變其俗也。……故欲求其新，先去其故；欲新一國之人，先新一己之心。而新乎人，非一時一世之事，新乎己，非一朝一夕之功。蓋變習尙者，非強有力弗能也。而力因乎識，識因乎學。學之道，非可兩是而並存之也。誠能屏除舊見，靜坐終日，使此方寸之中凝然湛然，如山斯靜，如泉斯清，而後徐徐以正書，植之以新義，灌之篤信，力踐弗怠。……如此於以歸國而移易習尙，弗難矣。㉞

亦即琉球雖從明初開始遣人入貢，選派子弟來華求學，並遣三十六姓東渡傳授知識，及弘揚中國文化，遂使該國人士逐漸知禮識義，卻迄今仍未能改變其習俗，此乃由於改變習俗須經漫長歲月，力求知識，摒除舊觀念，然後篤信、力行在華所學，方有所成。因此曰：

昔康崑崙自服其琵琶之術世莫己敵，及遇段師善本而斥其邪雜，語之以十年不近樂器，忘其本領，而後可與學入神之曲。故蒙今亦願諸生之忘其本領也。㉟

而予以勉勵。

4 辨正偽

中國古今圖書，汗牛充棟，即使窮畢生精力，也讀不了多少，所以那些官生們難免心存疑慮。爲此，自非教他們如何選讀，及如何讀不可。曰：

夫讀書有要，非必徧觀而盡識也。不得其要，則雖識如安世，覽若正平，衹以誇多而鬭靡；苟得其要，則雖難熟如于嵩，善忘若陳烈，亦可漸積而有得。……及乎後唐明宗，初令印賣《九經》，得書甚易。藏書愈多，而士或束閣不觀，游談無根，即曰「擁書萬卷」。不假南面百城，而其人之言行，或往往不及乎古，誠有如蘇文忠之所誚者。此其故何哉？不知讀之之法，而多反爲累也。㊱

亦即中國之書雖多，但並非每一部書都要讀，要有所選擇的讀，要懂得讀書的方法，否則反爲多所累。因爲：

專務博記，非聖賢之所貴也。昔者上蔡謝子舉史成誦，明道以爲玩物喪志。謝子面赤耳熱，汗流浹背。明道又以爲此即惻隱之心，然謝子猶未心服也。一日，見明道看史，亦復逐字逐句，無所遺漏。然後恍然有悟，以爲爲己爲人之別，自後遂將此事接引博學之士。即朱子之論格物，雖有一書不讀，便闕一書理道之言，而究以窮天理，明人倫，講聖言，通世故爲先務。故誦《詩》而昧乎從政，雖三百亦徒多，窮《論語》而明於爲治，即半部不爲少。㊲

亦即告訴官生們讀書須逐字逐句的精讀，充分瞭解其文意，並且要能夠加以應用，如果只是死讀書，讀死書，雖多無益。例如：「韓昌黎自序所以用功，惟在辨古書之正僞，與雖正而不至焉者」。「故其生平於禮樂、名物、陰陽、土地、星辰、方藥之書未嘗聞而不求，而要必曰：『非三代兩漢之書不敢觀』，誠辨乎僞也」。即使《四書》、《六經》之箋注亦多僞。就詩文而言，亦被認爲「其僞者常十之九，其正者常十之三」。所以古人無不博觀約取，明辨篤志。學者如能明白這點而專心讀書，並身體力行，則其收穫必有可觀者。㊳

5 選讀次序

讀中國書應注意者既如此，那麼其選讀次序又如何？對這個問題，首先須注意其本原。

何謂本原？朱子曰：「讀書之法，莫貴於循序而致精」。致精之本則在於居敬而持志，蓋心之虛靈，神明不測，一有不存，則視聽貌言不能自檢，未有不爲仰面貪看鳥，回頭錯應人者，安能反復聖言，參考事物，以求義理至當之歸？故曰：「心要在腔子裏」，心存則終日儼然，不爲物欲所侵。讀書、窮理，夫安往而不通也？㊴

亦即告誡官生們讀書時必須循序漸進，以致專精，但也必須專心致志，不可心猿意馬，更不可爲物欲所引誘。如此而持之以恆，方纔有心得，有收益，否則徒然虛擲光陰而已。

所謂次序，就是研讀儒家經典時如何著手。曰：

何謂次序？《大學》者群經之總會，規模廣大而本末不遺，節目詳明而始終不紊，其學之也宜最先，次《論語》二十篇，爲聖師言行之要。次《孟子》七篇，皆王道、仁義之談。學之則有以識乎操存涵養之實，與夫體驗擴充之端，且知某章某句之爲格致誠正，某章某句之爲修齊治平。凡《大學》所總言者，二書皆分見之，而有以信其確不可易。至於《中庸》，則聖門傳授之心法也。上達之意多，下學之意少，必《大學》、《論》、《孟》之既通，然後可以讀之而見其爲實學。故不先之《大學》，則無以提挈綱領，而盡《論》、《孟》之精微。不參諸《論》、《孟》，則無以發揮蘊奧而極《中庸》之歸趨。若不會其極於《中庸》，則無以窮神知化而建立王天下之大本，經綸天下之大經。凡此皆朱子師弟之言，而後人所當服行者也。㊵

此言讀中國書首先要讀《四書》，及讀《四書》之先後次序，和所以須依此次序研讀的理由。《四書》讀完後該讀何書？曰：

《四書》卒業後乃讀《五經》。《五經》如五常，《詩》屬仁，《禮》屬禮，《書》屬智，《春秋》屬義，《易》屬信而貫乎四德。夫五行首木，四時首春，於人則性情之勃發而不能自已。如春，如木，故《詩》之爲教，常使人諷誦焉而惻然悚然，有以動其自具之天良，於仁之功居多，而爲學人之宜先。三千三百，無不切於日用。……學焉而盡其蘊，則可以明理，可以處事，由是而習《春秋》，乃得見聖心裁制之義。故曰：「諸經之有《春秋》，猶法律之有斷例也」。

又曰：「諸經如藥方，《春秋》如用藥治病」。至於《易》，《易》爲《五經》之源，仁義禮智皆統兼焉。故曰乾，元亨利貞，其讀之也，必並乎諸經，其通之也，倍後乎諸經。㊶

《五經》讀完後就讀史書。然《二十二史》浩繁難記，所以宜讀司馬光的《資治通鑑》和朱熹的《紫陽綱目》。先正課程，皆計日而兼讀之，萬一力有不逮，則寧可捨去《資治通鑑》，只讀《紫陽綱目》。

6 讀書要訣

讀書須知各該書的綱領和讀之之法，如此方能完全瞭解書中之所言，方能有豐富的收穫。所謂綱領，就是：

要在博考乎諸儒折衷於考亭，即考亭之說，《四書》如語類、或問、文集、小注，爲說不一，……姑舉一二條言之：如同一仁字，或云愛之理，心之德；或云心之德，愛之理；或云當理而無私心；或云無私心而當於理；或云本心之德；或云心之全德；移步換形，不可執一。又所引之說，皆經更定，虛字、語助，各有妙義。……沉潛反覆，久之有得，然後可以明各傳之統成衆說之長，折流俗之謬。《易》之書，……《易》爲言性與天道之書，……學者之解《易》，其大指惟一致也，不可離象數，不可厭事理，不可專說卜筮。一卦一爻之詞，不可分某句爲象，某句爲占。讀卦辭不可於〈彖傳〉之外生一解，讀爻辭不可於〈象傳〉之外添一義。由是以考河洛先後之圖，莫不皆然。則中有主而不惑於聚訟矣。讀〈堯典〉便須知之爲君之所以大，其則乎天而民無能名者如何，其巍乎成功而煥乎文章者如何，舜、禹之有天下而不與者如何，舜自受終以後，其所以創制者如何，即位以後，其所以無爲者如何。又若讀〈堯典〉，便須知天文，讀〈禹貢〉，便須察地理。舉一反三，是在善讀者。㊷

即在讀書時須顧及其相關問題，觸類旁通，如此方能說是善於讀書，也惟有如此，方能獲得眞正的學習效果。非僅讀《四書》、《易經》、《書經》時要如此，

讀《詩》亦然。如誦〈關雎〉，便須眞見其哀樂，眞見其不淫，不傷，然後可與說《春秋》。傳爲按經爲斷，以傳考經之事跡，以經別傳之眞僞。大抵無隱語，無凡例。不以日月爲褒貶，不以官爵名氏爲貴賤，未嘗許五霸，未嘗貴盟會，未嘗與齊、晉，未嘗黜秦、楚、吳、越，但不主諸儒先入之言，平心觀理而聖人之情漸可預逆。朱子所謂據事直書，其義自見也。㊸

此言讀《詩經》、《春秋》之要訣。至於讀《禮記》則：

古禮之亡久矣，《周官》一書，固爲禮之綱領，至其儀法度數，則《儀禮》乃其本經，而《禮記》〈郊〉、〈特〉、〈牲〉、〈冠〉、〈昏〉等篇，乃其義疏。朱子以《儀禮》爲經，取《禮記》及諸書之言禮，皆附於本經之下，名曰《儀禮經傳通解》，〈喪〉、〈祭〉二禮，勉、齊續之，洵禮學第一書也，然學者仍以難讀置之。竊謂《禮記》雖傳先聖遺言，亦多附會之疵，其篇第失次，每篇之中又錯雜不倫。㊹

此言其本文，讀注及其篇什次序又該如何？

注則兼取漢、唐、宋、元、明之說，務從簡要。仍以〈曲禮〉爲第一，由〈小學〉而〈大學〉，故〈少儀〉、〈樂記〉、〈射義〉、〈投壺〉、〈學記〉、〈經解〉、〈大學〉、〈中庸〉、〈儒行〉、〈坊表記〉次之。二十以後，冠昏而有家室，故〈冠義〉、〈深衣〉、〈昏義〉、〈哀公問〉次之。……由家而鄉，故〈鄉飲酒〉次之。由鄉而邦國朝廷，故〈王制〉、〈玉藻〉、〈明堂位〉、〈月令〉、〈文王世子〉、〈燕義〉、〈聘義〉次之。然後終之以〈閒居〉、〈燕居〉、〈禮運〉、〈禮器〉、〈緇衣〉等篇，以統論禮之大凡。而各篇之中又有次序，條理如珠聯而繩貫。《周禮》、《儀禮》亦倣此。㊺

至於讀書的「要法」，那就是：

讀之之法，以二書言通一書，然後及一書。以一書言通一篇，然後及一篇。字求其訓，句索其解，未得乎前，則不敢求乎後，未明乎此，則不敢志乎彼。先以熟讀，使其言若出於吾之口；繼以精思，使其意若出於吾之心。又必以心體之，以身驗之，從容默會於幽閑靜一之中，超然自得於書言象意之表。凡儒先之所以教人者，千言萬語，大指實不外此。㊻

亦即讀書必須一字一句仔細閱讀，徹底瞭解其意後才讀下面的文章。如此，一篇又一篇，一部又一部的熟讀、精讀下去，並力行書中之所言，則其心得必豐富。

以上所言乃針對琉球官生而發，可見清廷對那些異國子弟的教育用心良苦。然此讀書方法，不僅遠涉大洋來華留學的官生們須遵行不渝，就中國學生言之，其求學態度也都該如此。

五、結　語

琉球官生接受上述那種嚴格的儒學訓練與陶冶，經數年以後都有相當的成績。他們除會撰擬其本國貢使來華時所需表文或其他奏疏，或應酬性文章外，對詩作方面也有相當之研究，例如乾隆二十三年（一七五八）來華的官生鄭孝德，他曾爲恭祝皇太后誕辰作祝壽詩曰：

△文教遙敷島嶼邊，辟雍詔許沐陶甄。手摩鼓碣春光煖，身託槐陰舊廕妍。

豢養恩波深似海，栽培德化博如天。幸逢聖母長庚日，同效華封祝萬年。

△律轉初陽繡線長，九霄慶靄正無疆。聖皇孝理高千古，壽母慈暉照萬芳。

日下尊親同覆載，春臺頌祝徧梯航。自欣陪隸隨多士，恭上南山壽一觴。㊼

又如與鄭孝德同來的蔡世昌所作〈芙蓉〉詩：

△芙蓉不與眾芳同，蟬蛻淤泥出水中。玉炳凌波標潔白，艷幢淺渚弄輕紅。

全無雕餚擎朝露，獨綻緲紋映午風。小立銀塘頻駐目，天然淨植鬱瓏璁。㊽

及〈遊陶然亭〉詩：

△高臺一上思悠悠，且喜黃花插滿頭。碧水晴光搖草樹，名山畫景擁城樓。

一時詩酒同清賞，百代風流紀勝遊。汎有雜談驚四座，更教遠客豁雙眸。㊾

他們所作詩篇容或沒有驚人之句，其意境容或難與中土人士相比，但以一介異邦學子而有此成就，實屬不易。

那些官生學成回國以後，大都在政府擔任要職，貢獻其所學。例如：中山王尙眞所遣蔡賓，他於成化十八年（一四八二）四月抵華受學，二十二年三月回國。隔一年，亦即在弘治元年四月，隨其貢使來華朝貢。㊿又如嘉靖十五年來留學的梁炫，於二十二年回國後，三十二年以正議大夫充貢使再度西來。其他官生如：鄭迴累官至法司，蔡倸官長史，鄭迪官都通事，阮維新累官至紫金大夫，充康熙五十三年貢使，鄭秉哲擔任編纂《球陽》之纂修司等，(51)他們對該國之政治、外交、文化各方面也都有相當之貢獻。

【註　釋】

①：《明太祖實錄》（本文所引《明實錄》爲臺北中央研究院歷史語言研究所刊行之影印本），卷二一七，洪武二十五年五月辛巳朔癸未條云：「琉球國中山王察度及其子武寧，遣其使渥周結致等各進表箋、貢馬。察度又遣從子日孜每、闊八馬、寨官子仁悅慈入國學讀書。上命各賜衣、巾、靴、襪，并夏衣一襲，鈔五錠」。同書卷二二三，同年十二月丁未朔庚申條則云：「琉球國山南王承察度，遣使南都妹等貢方物，并遣姪三五郎尾及寨官之子實他盧尾、賀段志等赴國子監讀書。詔賜三五郎尾等鈔各五錠，襴衫、縚巾、皂絛、靴、襪並文綺、紬絹衣各一襲」。《明史》（臺北，鼎文書局點校本），卷三二三，〈琉球傳〉。

②：《清世祖實錄》（本文所引《清實錄》爲崇謨閣所藏《清朝歷代實錄》之影印複製本——《大清歷朝實錄》），卷三二，順治四年六月庚午朔丁丑條。《球陽》（東京，角川書店版），卷六，尙質王四年，〈謝必振齎勅至國諭世子竝許還明印〉條。

③：《清世祖實錄》，卷七六，順治十年閏六月甲子朔戊子條云：「琉球國中山王世子尙質，遣使（奉）表，貢方物，兼繳故明勅印」。

④：《清世祖實錄》，卷八五，順治十一年七月戊子朔條。

⑤：《清世祖實錄》，卷一一八，順治十五年六月丁卯朔丙戌條云：「命撤冊封琉球兵科副理事官張學禮，行人司行人王垓回京，俟海寇平日，另行差遣」。

⑥：潘相，《琉球入學聞見錄》（臺北，文海出版社影印本，近代中國史料叢刊第九十二輯），卷一，〈星土〉條云：「順治十一年，命張學禮，王垓封王尙質，康熙二年始行。……六月初七日，梅花開洋，……二十五日，次溫鎭，抵那霸港，共十九日」。

⑦：《清聖祖實錄》，卷一一五，康熙二十三年六月乙未朔丁未條。

⑧：同前註所舉書，卷一三七，康熙二十七年十月庚子朔癸卯條。

⑨：同註一。

⑩：同前註所舉書卷二二三，洪武二十五年十二月丁未朔庚申條。

⑪：誠志魯，國家圖書館藏舊鈔本，明黃絲闌鈔本《明太祖實錄》俱作城志魯。

⑫：《明太祖實錄》，卷二四八，洪武二十九年十一月乙卯朔戊寅條。
⑬：《明世宗實錄》，卷一一一，嘉靖九年三月辛卯朔甲辰條。
⑭：咨，廣方言館本，抱經樓本，嘉業堂舊藏明紅絲闌寫本《明世宗實錄》俱作資。
⑮：同前註所舉書，卷二八〇，嘉靖二十二年十一月辛卯朔己巳條。
⑯：《中山世譜》（東京，井上書房，昭和三十七年七月，琉球史料叢書，第四），卷一〇，尙溫王嘉慶七年壬戌條。
⑰：同前註所舉書，卷一〇，尙溫王嘉慶九年條，卷一一，尙灝王嘉慶十一年條。
⑱：二人，潘相，《琉球入學聞見錄》，卷三，〈官生〉條作三人。
⑲：鄭周，《琉球入學聞見錄》，卷三，〈官生〉條作鄭週。
⑳：潘相，《琉球入學聞見錄》所記三人爲梁成楫、蔡文溥、阮維新。
㉑：如據《清實錄》的記載，尙敬王疏請伊國官生入監讀書的時間在康熙五十九年八月乙未朔庚子，實際抵北京的時間則爲雍正二年三月乙亥朔丁亥。
㉒：《球陽》〈解說〉。
㉓：同前註。
㉔：《明太祖實錄》，卷二一七，洪武二十五年五月辛巳朔癸未條。
㉕：《明太祖實錄》，卷二二〇，洪武二十五年八月庚戌朔丁卯條。
㉖：潘相，《琉球入學聞見錄》，卷三，〈廩給〉條。

㉗：同前註。
㉘：同前註。
㉙：同前註。
㉚：同前註。雙行註所言「此次」，指雍正二年。
㉛：潘相，《琉球入學聞見錄》，卷三，〈師生〉條。
㉜：同前註所舉書，卷三，〈端趨向〉條。
㉝：同前註所舉書，卷三，〈變習尚〉條。
㉞：同前註。
㉟：同前註。
㊱：潘相，《琉球入學聞見錄》，卷三，〈辨正僞〉條。
㊲：同前註。
㊳：同前註。
㊴：潘相，《琉球入學聞見錄》，卷三，〈嚴課程〉條。
㊵：同前註。
㊶：同前註。
㊷：同前註。

㊸：同前註。

㊹：同前註。

㊺：同前註。

㊻：同前註。

㊼：潘相，《琉球入學聞見錄》，卷四，〈藝文〉所錄鄭孝德，「恭祝聖母皇太后七十萬壽詩」四首中之二首。

㊽：潘相，《琉球入學聞見錄》，卷四，〈藝文〉。

㊾：同前註。

㊿：《明孝宗實錄》，卷一三，弘治元年四月甲午朔辛丑條云：「琉球國官生蔡賓，隨其國使臣來朝貢，因言：『成化中，蒙本國奏送南京國子監讀書。今吏部尚書（抱經樓本、內閣大庫藏舊朱絲闌精鈔本俱作侍郎，《琉球入學聞見錄》，卷三，〈官生〉條則作祭酒）劉宣，時為祭酒，特加撫卹。今乞容執贄於宣所致謝』。許之」。

(51)：參看潘相，《琉球入學聞見錄》，〈官生病故官生附〉條。《球陽》〈球陽當官〉。

清廷對琉球遭風難民①的處置

——以嘉慶朝爲例——

一、前言

琉球自從洪武五年（一三七二）與明朝建立封貢關係以後，便不斷與中國往來而其事大思想非常濃厚，此一情形在明亡，清朝入主中原以後亦復如此。其間，雖曾因東亞國際情勢發生變化，致琉球曾經有一個時期分別朝貢中、日兩國之事實，但這種現象並未影響中琉兩國間的友好關係。

在明、清兩朝前後五〇〇餘年的中、琉兩國交通裏，彼此之間的使節往來頻繁，貿易興盛，海難的發生也就時有所聞。因此，中、琉兩國政府對使節人員之遭遇海難者都採濟助措施，以補償其因天災而蒙受的損失。惟當時在海洋中遇難的，除使節人員外，尚有在其本國奉國王或地方官員之命催繳、交納貢租，或從事捕魚、交易而遭遇海難的人民。所以本文擬就琉球人在其本國從事各種海上活動，不幸遇到海難而漂流到中國大陸沿岸各地，或臺灣及其他國度者所採之措施，而以發生於嘉慶年間

（一七九六～一八二〇）之事件作爲探討的對象，其餘則容於日後再作考察。

二、清代中琉兩國間的航路與航程

琉球使節在清代來華朝貢，其登陸地點與明代一樣仍爲福州，貢期亦爲兩年，其國王所受印信亦仍與前朝一樣，是鍍金銀印。

琉球與福州之間的距離雖很近，只要橫越臺灣北部的海洋航道即可，但在當時中、琉兩國船隻之因遇颶風被漂流者不少，此可由臺北故宮博物院所典藏之《宮中檔》、《軍機處檔》，或琉球方面的史料《歷代寶案》及《中山世譜》瞭解個中情形。由於當時從琉球漂流到中國沿海及臺灣各地，或呂宋、安南等國家的人員，都先送到福建，然後從福建遣返其本國，所以在此擬先考察自福州至琉球的航路。

如衆所周知，在發明輪船之前，古代船隻的航行海洋多靠風力，在航行中則最怕逆風或無風的情況發生。逆風難於前進，無風則只得停航。在明清時代中國船隻前往琉球，多由閩東開航。自福州至那霸，夏季利用西南風，或南風、西風；自那霸回航福州，則靠冬季的東北汎風，或北風、東風。因往來中、琉兩國之間時所用針路南北不同，而季風的風向與海流之流向有異，所以福州至那霸所需日程較短，從那霸返回福州所需時間較長。有關中、琉兩國間的航路問題，明人陳侃的《使琉球錄》，蕭崇業、謝杰的《使琉球錄》，夏子陽、王士楨的《使琉球錄》，張學禮的《使琉球記》，除葆光的《使琉球錄》，周煌的《琉球國志略》，以及胡宗憲之幕僚鄭若曾的《籌海圖編》等俱有相關記載。琉球人程順則云：

福州往琉球，東沙（閩江口）外開洋，用單辰針，十更取雞籠頭、花瓶嶼并彭蒙山；用乙卯并單卯針，十更取釣魚臺，北過前面黃麻嶼，北過用單卯針，四更黃尾嶼；北過用甲卯針，十更赤尾嶼；用乙卯針，六更古來山；北過用單卯針，馬齒山；北過用甲卯及甲寅針，收入那霸港，大吉。

因舟人以十更船爲一晝夜，而上舉程順則所記載自福州至琉球只需四十(餘)更，故只需四晝夜(餘)便可到達，此與日本貢使之於明代自其五島至浙江定海之需時約五天的日程大致相同。嘉慶十三年（一八〇八）所遣冊封正使齊鯤、副使費錫章所撰《續琉球國志》，卷三，《針路》則云：

今次封舟，（嘉慶十三年）閏五月十一日早潮出五虎門，過官塘開洋。正南風，單辰針，行船三更，見東沙。日入，又行船，一更，夜西南風，單辰針，行船四更五，見半架島。十二日天明，西南風，卯辰針，一更五，見二林山。又二更，見花瓶嶼，從南過。午刻，午未風，用辰卯針。至下午，行船一更半。入夜，行船二更，見梅花嶼。十三日天明，見釣魚臺。

亦即自福州開洋至釣魚臺，約需兩天多的時間，此與程順則所言者大致相同。而釣魚臺至那霸之間的海浪似較大，所以該船曾於同日祭海。上舉《針路》又記載經釣魚臺以後經山南，仍採辰針繼續航行之情形云：

行船二更，午刻見赤尾嶼。又行船四更五，過（海）溝，祭海。申刻，轉西北風；夜半，轉東北風。船欹側，危甚。十四日下午，轉東南風，仍不能進。十五日雞鳴，回西南風，仍辰卯針。十五日黎明，見姑米山。行船九更五，從山南過，仍辰卯針。行船三更五，至馬齒山卜碇。縋水四十托②，不到底。日入，風微，起碇、收篷，順風蕩漾。十六日，行一更三，至那霸港外，下碇。十七日，進港。

由此看來，齊鯤、費錫章等人自福州出發至那霸，雖前後共費七日，但實際行船的時間卻只有四日多，故其航行時間與程順則所言者大致相同。

由於當時的航海多靠風力，所以他們從福州出發的時期多在五、六月間西南風吹起的季節。例如：陳侃係在明嘉靖十三年（一五三四）五月十八日出海，③李鼎元在嘉慶五年（一八〇〇）五月初七日揚帆，④齊鯤於嘉慶十三年起碇，⑤林鴻年於道光十八年（一八三八）五月初四日開洋，⑥如非在這個季節航行，其遭遇風難的可能性便較大。又，即使在這個季節航行，如果針路錯誤，也無法在最短期間抵達目的地。例如：康熙二年（一六六三）冊封正使張學禮所撰《使琉球記》所謂：六月初七日出海，不久即與「賊船」作戰。初九以後無風，因「已離閩七日不見山」，由琉球人通事謝必振稟請，只有順流七島（今吐噶喇群島），冀活兩舟。於是至十五日晚，始至琉球與日本交界之硫黃島而已離九州不遠。其後南風盛吹，又無法南返那霸，至十八日，由地方官撥小船百餘牽挽封舟出口。十九日，至沖泳良部島（伊藍埠）山南停泊，登岸養病。至二十五日，始抵該島之溫鎭，得風，返抵那霸。又如：康熙五十八年冊封使徐葆光，他於五月二十二日得西南風出洋，因過用正東針，致船幾致飄入日本。然後幸得西北風，於六月初一日返抵那霸。徐葆光在其《中山傳信錄》中自承針路錯誤。

由上舉例子可知針路之重要。萬一用錯針路，不僅耽誤行程，更可能因此遭遇不測，則其所受損失實難彌補。因此，不僅從福州前往琉球的冊封船隻所使用的針路需要正確，就是一般駛往琉球的船隻，或那些琉球難民賴以返國之船隻的航路，也非力求其正確不可。職此之故，當清廷之以原船遣回難民之際，要選派熟諳水路的人員爲其嚮導，自有其理由在。

三、琉球人遇難的情形

當時因在海上遇颶風而船隻損毀，致漂流到中國東南沿岸或臺灣、呂宋、安南的琉球難民，以執行公務者爲多。那些在執勤中遇難的，多是奉其國王之命載運米、糖、茶葉、棉花、粟、木材、苧麻、箱匣等物到各地交收，或到各地巡查者，但也有受地方官員之差遣，前往各地催繳貢租，或差往各地載運米糧、綢布等物至首里繳納的，更多的情況是因作生意，往來於各島嶼之間時遇難，或出海捕魚時遇難的。而他們遇難的地點，則以八重山附近的海洋爲最多(見附表)，太平山、宮古島附近次之，大島附近又次之。其遇難地點之所以多發生在這些地區，當與其爲颱風必經之地有關。此事亦可由今日每當颱風襲擊琉球時之必經由宮古島一帶之事實獲得佐證。至其漂著中土的地點，則以浙江爲主。如附表所示，當時遭遇海難的人員之籍貫以屬那霸府者居多，泊村次之，久米島、大島、絲滿等地又次之。而他們所乘坐之船則既有只搭三兩名的海艦杉（舢）板或獨木舟，也有乘員多達五十餘名的大船，但以乘坐七八名至十數名大小的船隻佔多數。如據《中山世譜》的記載，則其遇難船隻的型式，除海艦杉（舢）板、獨木舟外，尚有四枚帆船、五反帆馬艦、六反帆馬艦、七反帆馬艦、十二反帆馬艦、六端帆馬艦、七端帆馬艦、馬艦、楷船及無桅船等而規模都不大，非如貢船之可搭乘百人以上。

由於當時他們所乘坐的船隻既小，又缺乏預測氣象方面的知識與建造堅固的船舶之技術而無法未雨綢繆，因此，每當在航海中猝遇颶風時，不僅船隻受波浪之衝擊而帆破桅折，也往往造成其成員因失足落海而失踪、溺斃，或因在海中漂流過久，身心俱疲，致在被救起之後也仍無法恢復健康而死亡等不幸事件。例如福建巡撫汪志伊所謂：

> 蒙仲地等原共二十八人，俱係琉球國那霸府人。嘉慶五年六月二十六日，奉差裝載糧米、雜貨往八重山發賣完竣，十月二十六日由八重山駕回。十一月十九日，在洋遭風，船隻擊碎。該難番等急下小腳船，隨風漂流。當時淹斃一人，後又餓死十二人，止存十五人。至十一月二十八日，漂至廣南。經該處官爲救護登岸，給予口糧，由安南轉送粵省，沿途護送。又除在途病故四人外，將蒙仲地等十一人，于本年八月初五日到閩，安插館驛。⑦

此言蒙仲地等一行二十八人前往八重島交易後回還之際，其所乘船隻因遭遇暴風而損壞，漂流至廣南，因而溺斃、餓死、病故者多達十七人，可謂傷亡慘重。至其漂流到臺灣方面的難民，則於歷經艱險，驚魂甫定之際，竟又有被當地之原住民殺害者。《中山世譜》，卷十一，嘉慶庚午（十五年，一八一〇）年條云：

> 有八重山船一隻，所坐人數共計四十餘二名，裝載年貢，運納本國。回棹之時，洋中遇風，不知何地高山之下，抛碇灣泊。此時該處人民結伙成群，俱爲異粉（扮）。攜帶武器，登來船上，所有貨物及諸器等件，盡行奪取，而致本船被風吹流。當此之時，幸有中國人來到，告知此地臺灣四浮鑾。隨求其救助性命。由此，該人率到村中養贍。既而該中國人及該處人民等，要解送官府衙門，一齊起程。

惟當走到半路時，他們竟改變主意，不肯護送至衙門，所以只得自行覓路前往。途中，忽然出現七、八名手執武器之強盜，將他們的衣物、簪子等奪去。之後，他們在山中迷路，而又無口糧，因此不得不採樹實充飢。如此，經三四日之後，又回到上舉中國人所居之村落。於是乃請求養贍，但未被接受，致陷入絕境。⑧該《世譜》繼上舉文字之後又云：

> 由是轉到噶瑪蘭地方，請求送到官員衙門。該處人民要俟翌年三月護送，猶爲養贍。但因日食缺乏，辭其養贍。由此各丐食，聊延生命之時，幸有華船飄到彼處，隨求搭送。奈因人多，不許搭送。由是甚多人數留居彼地方，只將伊是果名仁屋及其跟伴附搭彼船，先去鳳山縣，轉到

臺灣府城。至其餘人數，亦稟請解送。即蒙該地方官親往率來妥爲養贍之外，又蒙該地方官并鳳山縣、枋寮縣、廈門等處官員發賜衣服，并著物、番錢等項。彼人數內一十六名病故，其六人被生番戕害。其四人山中逃去之時，身體疲病，不能跑走，留居山中。由此，臺灣府特遣官員查訪，不知下落；其三人渡溪之時失足淹斃。其餘人數解送福州府，配搭接貢船回國。

由上述記事可知，此八重山船的乘員雖有四十二名，但經此浩劫以後，先後病亡十六名，遭原住民殺害者六名，在山中失踪者四名，渡河溺斃者三名，共二十九名，故其能夠生還者僅有十三名而已。所以那些遭風難民不僅因天災而倍嘗種種痛楚，有時也難免橫遭人禍，而其遭遇誠堪憐憫，非予以撫恤不可。至於清廷對那些難民到底採取哪些措施？此爲下節擬欲探討之重點。

四、清廷對琉球難民的處置

只因當時海難頻傳，所以清廷對那些難民自非採取救助措施不可。我們雖無從得知清廷於何時訂甚麼具體辦法來撫恤那些難民，卻可從當時閩浙地方的督撫之奏折中窺知其梗概。

當時清廷對琉球遭風難民的撫恤訂有一定的標準，使各地職官有遵循的依據。並且無論那些難民漂流到什麼地方，一律把他們先送到福建，安插館驛，並給予定額的口糧與鹽菜銀，使其在華期間的生活不虞匱乏，然後選擇適當時機安排遣送他們回國。福建巡撫姚棻云：

事案准浙江撫臣吉慶咨會琉球國難番武良瑞等，遭風飄收平陽縣海口，照例撫恤護送來閩等因，當經飭司移行，沿途各管縣護送來（福建）省，安頓（琉球）館驛，妥爲撫恤去後，茲據布政使田鳳儀，詳據署福州府海防同知張采五，詳稱帶土通事譯訊得武良瑞係琉球國五品宰領官，帶同跟伴、舵梢等共五十一人，駕坐海船，裝載砂糖等物前往大島交收，于乾隆六十四年四月十六日在該國那霸港開船，十九日在洋遭風，桅篷損壞。至五月初四日，漂收浙江平陽縣地方。經該處地方官查驗，給予口糧、衣被，並委員護送來閩。除跟伴專照屋一名，幫舵官平一名先後病故外，現在武良瑞等四十九人，于嘉慶元年二月二十四日到閩，安頓館驛。照例以安頓之日爲始，每人日給米一升，鹽菜銀六厘。⑨

福建巡撫汪志伊亦云：

臣接浙江撫臣清安泰咨會琉球國難番山里親雲上等，遭風漂收浙江象山縣地方。……茲據福州海防同知張采五譯訊得山里親雲上與通事大田椗等，原共一十四人，俱係琉球國久米島人。奉該處地方官給照差處該國進納綢布等物，于嘉慶十二年五月二十一日開船。有水手赤嶺一名。隨帶執照上山取水，失足淹斃，執照沉失。二十四日，在洋遭風漂流，至六月初七日，漂到浙江象山縣地方。經該縣查驗、撫恤。該難番所坐原船難以再涉重洋，同失水米就地變價。除水手田瑞、嘉納二名先後在浙病故外，將山里親雲上等十一名由陸路護送來閩。內通事大田椗一名在連江縣病故，該難番山里親雲上等十名，于嘉慶十三年正月十一日到省，安插館驛。查該難番等業經浙省撫恤、賞給銀兩，閩省照例毋庸加賞。應自安插之日起，每人日給米一升，鹽菜銀六厘。⑩

亦即當那些難民漂流到中國的某一地方時，該地方的職官便首先加以查驗難民身分，然後給予口糧、衣物，並委員護送到福建，然後由福建官員將其安頓於琉球館。每人每日支給米一升，鹽菜銀六厘，使其免受凍餒之苦。其經登陸地之地方官撫恤、賞給銀兩的，抵閩後不復加賞。我們從《宮中檔》的各相關奏折，及《歷代寶案》所輯中、琉兩國雙方往來的文獻得知，每日每人給米一升，鹽菜銀六厘係定數，清廷給予任何琉球難民的主副食之數目都如此。

清朝政府不僅對漂流到大陸沿岸各地的琉球難民如此優遇，對漂流到東方海中的臺灣或其他國家者亦作同樣的處置。就臺灣而言，《中山世譜》，卷一〇，嘉慶丙寅（十一年，一八〇六）年條云：

那霸府友寄馬艦一隻，所坐人數共十六名，內有女四人，漂到臺灣淡水。衝礁破船，通船人數，上岸全生，惟有一人溺斃。又蒙該地方官解送臺灣府。其染病者共有三人，即命醫藥治，然無有效，遂以身故，即賜棺埋葬。其餘人數，歷府逢縣，賞賜衣食、銀兩等件，解送福州，附搭便船回國。

亦即除將那些難民解送福州外，如遇有患病的就延醫予以診治，萬一病重而亡，則賜棺埋葬。同書卷一一，嘉慶己巳（十四年，一八〇九）年條則云：

沖永良部島船一隻，通船人名共六名，飄收到呂宋國馬瞻島地方，船隻擊碎。此時一名淹斃，其餘人名蒙承送到廣東之時，各地方官恤給衣食、銀兩等件，轉送福州安插館驛，配搭接回員役船隻回國。

《中山世譜》所記載者雖未提及難民被送到福州以後清朝當局所作處置的情形，但揆諸《宮中檔》、《歷代寶案》等所收錄之奏折與中、琉兩國當時往來的文書，則他們之接受中國官方給予的米糧、副食銀兩的供應，殆無疑問。

清廷不僅對暫時收容於福州琉球館的琉球難民給予定額的主、副食，而且當他們要回國時，也都給予每人一個月的行糧。自福州至那霸僅約需五日而給予一個月行糧，除表示其撫恤之意外，或許也顧及他們經此天災回國以後，能夠暫寺獲得生活安定的用意在。

清廷對琉球國遭風難民所採取的撫恤措施雖如此優厚，但對日本、呂宋等國家的遭風難民，卻只予撫恤而並未每日給予定額的主、副食，回國時也未給予口糧。由此觀之，清廷的這種救濟措施，實因國家之不同而有異。⑪而清廷之所以獨厚琉球難民，可能與該國之對中國恭順而事大思想濃厚有關。

據中、琉兩國史乘的記載，那些難民回國時，既有附搭其本國之謝恩船或貢船、接貢船、接回國使船回國的，也有由該國接貢官伴租雇內地商船附搭回國，或附便遣歸，或由清廷職官下令修護其船隻，令其安全無虞，方使之搭原船東返。

五、結　語

由前文可知，清代嘉慶年間，琉球國不斷發生船難，那些船隻的規模都很小，所以無法承受大風浪的衝擊。一旦遭遇颶風，不僅篷破桅折，而且往往造成人員的傷亡，或漂流至異城。清朝政府對那些遭風難民訂有撫恤辦法，凡漂流到中國境內的都支給糧米、副食及衣物，其受損船隻或貨物，有時也爲其變賣，讓其持銀兩回國。⑫當他們要東返時，一律給予一個月口糧，所以對他們的待遇不可謂不厚，此乃其他國家之同類難民無法享受者。

前文雖說那些難民之漂流到臺灣的，有時難免受到當地原住民的戕害，但當他們被護送回國途中，有時也會遭逢盜匪劫掠之厄運而可謂禍不單行。⑬雖然如此，他們因得清廷之保護而終能化險爲夷，平安返抵其國，而清廷對此一忠誠的屬國子民之愛護，實可由此看出其端倪。至於清廷之所以往往將那些難民分批送回，則應與其運輸船隻規模之大小有關。其由原船遣回的，則選派接貢船內熟諳航路的水梢代爲駕引，遣發回國，俾免他們不瞭解閩海水路而再遭遇不幸。揆諸清廷對琉球遭風難民之處置措施，⑭其設想之周備，顧慮之縝密，實可由此觀知中、琉兩國外交關係之密切。

【註釋】

①：因《宮中檔》、《軍機處檔》所收錄的閩、浙等地督撫所上奏折，及《歷代寶案》所輯中、琉兩國往來之咨文，俱稱那些在海洋中遇風難的琉球難民爲「遭風難民」或「遭風難番」，故在此沿用其用法來命題。

②：托，長度之單位，五尺九寸二分強。

③：陳侃，《使琉球錄》（明嘉靖間原刊本）。

④：李鼎元，《使琉球記》（小方壺齋輿地叢鈔，第十六帙，不分卷）。

⑤：齊鯤，《續琉球國志略》，卷三，〈針路〉。

⑥：林鴻年據趙新，《續琉球國志略》〈針路〉補記。

⑦：《宮中檔》，〈嘉慶朝檔〉，第六一三七號，嘉慶六年九月十二日，福建巡撫汪志伊，〈爲撫恤琉球國遭風番民折〉。

⑧：《中山世譜》，卷一一，嘉慶庚午（十五）年條。

⑨：《宮中檔》，〈嘉慶朝檔〉，第三三〇號，嘉慶元年三月十八日，護福建巡撫姚棻，〈爲撫恤琉球國遭風難番折〉。

⑩：《宮中檔》，〈嘉慶朝檔〉，第六三九二號，嘉慶六年十月十三日，福建巡撫汪志伊，〈爲撫恤琉球國遭風番民折〉。

⑪：參看《宮中檔》，〈嘉慶朝檔〉，第四四三五號，嘉慶三年十一月二十四日，浙江巡撫玉德，〈爲日本國遭風難番優加撫恤附搭銅船開行歸國日期折〉，及第四四六四號，同年十二月初六日，浙江巡撫玉德，〈爲撫恤呂宋遭風難番護送赴閩附伴歸國折〉。

⑫：參看《宮中檔》，〈嘉慶朝檔〉，第一六一六三號，嘉慶十九年七月三十日，福建巡撫王紹蘭，〈爲撫恤琉球國遭

風番折〉，及前注所舉福建巡撫汪志伊之奏折等。

⑬：《宮中檔》，〈嘉慶朝檔〉，第七三五〇號，嘉慶七年二月初八日，閩浙總督玉德，〈拿獲擄劫琉球難夷之盜匪折〉。

⑭：《宮中檔》，〈嘉慶朝檔〉，第三九九五號，嘉慶三年五月二十一日，福建巡撫汪志伊，〈爲撫恤琉球國遭風難番折〉。

附表：

年月日（嘉慶）	公元	籍貫或官位	船數	人數	遇難情形	漂流地點	死亡人數	處置情形	典據
元年三月十八日	一七九六	五品官	一	五一	奉令運砂糖至大島交收，因風桅篷損壞。	浙江平陽縣	二	修葺原船，選熟練水梢代爲駕引回國。	宮中檔，嘉慶朝，第三二〇號奏折。
元年七月二十一日	一七九六	那霸府	一	三〇	奉差往太平山取載粟麥赴國交納，遭風篷桅損壞。	浙江寧海縣		附便回國。	宮中檔，嘉慶朝，第九四九號奏折。
二年一月十三日	一七九七	那霸府	一	十九	奉差往太平山運粟米，遇暴風，桅舵損壞，水手一名落水漂沒。	浙江樂清縣	二	附便回國。	宮中檔，嘉慶朝，第一八三四號奏折
二年二月十九日	一七九七	那霸府	一	三〇	奉差往太平山運粟麥，回程遇暴風，篷索損壞。	浙江寧海縣		附接貢船回國。	宮中檔，嘉慶朝，第二〇四三號奏折
二年八月十二日	一七九七	八重山	一	十四	載米往中山王那霸地方交納，空船駛回時在馬齒洋遇颶	廣東香山縣		附接貢船回國。	歷代寶案，卷八六，琉球國中山王致福建等處承宣布政

					風，一名被匪船擄去。				使司咨。
二年九月五日	一七九七	八重山	一	三〇	本國差官眞謝在八重山裝米并行李至中山府交納，遇暴風，桅篷損壞。	浙江鎮海縣	一	附便回國。	歷代寶案，卷八六，福建等處承宣布政使司致琉球國中山王咨。
二年十一月二十五日	一七九七	泊村	一	八	奉本處地方官差往八重山運貢米赴首里府繳納，遭風船底損壞。	江蘇如臯縣		附便回國。	宮中檔，嘉慶朝，第三四三三號奏折
二年十一月二十五日	一七九七	泊村	一	九	奉本地方官差派，自泊村往八重山運米遭風。	江蘇鹽城縣	一	附便回國。	同右。
二年十一月二十五日	一七九七	東村	一	七	奉本地方官差派自那霸府開船往宮古島載米，運往首里府交納，未至島即遭風漂流。	寶山縣		附便回國。	同右。
二年十一月二十五日	一七九七	久米府	一	二五	駕本國貢船至福建時，將漂流至浙江樂清縣之本國難民十九名護送至閩。因該難民等不諳閩江，海道官員派撥代爲引導駕回，竟漂至朝鮮國，由該國送至閩。	朝鮮國	二		同右。
									宮中檔，嘉慶朝，第三八九八號奏折

三年四月十五日	一七九八	那霸府	一	十五	奉差往八重山運米，自那霸裝鹽包、黑糖、茶葉開航。遇風浪，桅檣折斷	福建閩安縣		修固船隻，遣發回國。	；歷代寶案，卷八七，琉球國中山王世孫致福建等處承宣布政使司咨；卷八八，福建等處承宣布政使司致琉球國中山王世孫咨。
三年五月二十二日	一七九八	八重山	一	二〇	奉差運米、麥、繩、苧布等物至該國繳納。自八重山開船，遇狂風，桅篷損壞。	浙江鎮海縣		附便遣返。	宮中檔，嘉慶朝，第三八九八號奏折
三年	一七九八		四枚帆船一	一〇	爲買賣赴大島，回本島時遇逆風。	浙江象山縣		附接貢船回國。	中山世譜，卷一〇
三年	一七九八	久米村	五反帆馬艦一	七	奉差往八重山運貢租遇風。	浙江玉環			同右。
三年	一七九八	泉崎村	六反帆馬艦一	一五	奉差往八重山運貢租，自那霸開船，遇風損壞。	福州			同右。
三年	一七九八	泊村	七反帆馬艦一	三	在八重山裝載米、麥、苧布等物，回程逢風，伐檣去貨	山東即墨縣			同右。
四年六月十六日	一七九九	那霸府	一	三二	在八重山運米、麥往該國繳納。遇風，折斷大桅。	山東即墨縣		附便遣返。	歷代寶案，卷八九，福建等處承宣布政使司致琉球國中山王咨。

五年一月二十九日	一八〇〇	那霸府	一	一〇	赴大島購蕉苧、小麥等物，返航時遭風，桅舵損折。	浙江象山縣		附便遣返。	宮中檔，嘉慶朝，第四八八二號奏折
五年一月二十九日	一八〇〇	那霸府	一	一九	運茶葉等物赴宮古島貿易，遭風，船身擊碎。扎縛竹筏漂流。	臺灣三貂嶺		附便遣返。	同右。
五年五月一日	一八〇〇		一	三		山東			歷代寶案，卷九〇、九一，福建等處承宣布政使司致琉球國中山王世孫咨
五年五月十一日	一八〇〇	那霸府	一	七	奉差往八重山裝運官米，隨帶食鹽等物換米。	浙江玉環			中山世譜，卷一一
六年五月十六日	一八〇一	那霸府	一	十九	在太平山裝載粟、麥往首里府繳納，遭風漂流。	浙江鎮海縣		附便歸國。	歷代寶案，卷九二福建等處承宣布政使司致琉球國中山王咨；中山世譜，卷一〇。
六年五月十六日	一八〇一	那霸府	一	十二	運靛青等物往八重山貿易，自泊津村開船，至太平山洋面遇颶風，桅篷損壞。	浙江臨海縣	二		歷代寶案，卷九二，署福建等處承宣布政使司致琉球國王咨；卷九四，琉球國中山王致福建等處承宣布政使司咨；中山世譜，卷一〇。
六年五月	一八〇一		一	七	往鬼界島買賣，遇逆風漂收呂宋國，	呂宋國		配搭貢船回國。	中山世譜，卷一〇

					解送福州。				
六年五月	一八〇一	若狹町村	一	十四	赴宮古島運貢租遇颶風，隨風浪漂流	浙江鎮海縣			歷代寶案，卷九二福建等處承宣布政使司致琉球國中山王咨。
六年七月十四日	一八〇一	泊村	二	六八	奉中山王之命往太平山運米，遇颶風，桅舵、杠具吹折損壞。	浙江象山縣		附便遣歸。	宮中檔，嘉慶朝，第五五六九號奏折
六年七月二十日	一八〇一	那霸府	一	九	自八重山運稻米至中山府進貢，交卸後空船返航，在玉風山漂流。	江蘇通州		附便遣歸。	宮中檔，嘉慶朝，第五六二五號奏折
六年九月十二日	一八〇一	那霸府	一	二八	奉差運糧米、雜貨往八重山出售。回程遭風，船隻擊碎，溺斃一名，餓死十二名。漂至廣南，由安南轉送至粵途中又病故四名，僅餘十一名抵閩。	廣南	十七	附搭本年接貢船回國。	宮中檔，嘉慶朝，第六一三七、六三九二號奏折。
六年十月十三日	一八〇一	大島	一	七	運板料等物往奇界島兌換棉布等物。回程遭風，漂至呂宋國。原船衝碇漂失，於呂宋附搭貿易蘇木貨船至廈門	呂宋國		附搭接貢船回國	宮中檔，嘉慶朝，第六三九二號奏折
									宮中檔，嘉慶朝，第七六六五號奏折

七年三月二十日	一八〇二	泊村	二	六 八	國王差往太平島運米及購小馬駛回。遇大風，桅篷損壞。	浙江象山縣		修固船隻，遣發歸國。	歷代寶案，卷九三，署福建等處承宣布政使司致琉球國中山王咨；卷九四，琉球國中山王致福建等處承宣布政使司咨。
七年八月二日	一八〇二	那霸川	一	十四	奉中山王之命運鹽、米、棉花、粟、木、米、苧麻、箱匣等物往宮古山交收。從那霸川出口，遇風，風篷、杠具破折不全，船旁、船底俱有碎損。	浙江永嘉縣		附便遣歸。	宮中檔，嘉慶朝，第八六四二號奏折。
七年八月二日	一八〇二		二	十一 九	兩船俱載中山王之器物至宮古島御米櫃交卸。遭風打壞桅木、舵板，隨風漂流。	浙江海門縣		附便遣歸。	同右。
七年八月二日	一八〇二	那霸府	二（腳船一）	六	奉地方官差運米、鹽、箱桶等物往太平山繳貢稅。遭風漂流，打進石浦收泊。	浙江象山縣		附便遣歸。	同右。
七年	一八〇二	那霸府	六反帆馬	六	奉地方官之命往太平山催繳租稅，漂	浙江象山縣		附便遣歸。	歷代寶案，卷九五，福建等處承宣布政使司致琉球國中山王咨；欽命署福建承宣布政使司致琉球國中山王咨；

			艦一		至象山。				卷九六，琉球國中山王世孫致福建等處承宣布政使咨；中山世譜，卷一〇，嘉慶七年條。
七年	一八〇二	中山	七端帆馬艦一	七	奉命赴宮古島運糧米，漂至臨海。	浙江臨海縣		附便遣歸。	同右。
七年	一八〇二	泊村	七端帆馬艦一	九	赴宮古島搬運貢租，自那霸開船，洋中遇風，漂至臨海縣。	浙江臨海縣		附便遣歸。	同右。
七年	一八〇二	那霸府	六端帆馬艦一	十四	經國王差遣，運鹽觔等物赴宮古島交收，遇風漂至永嘉	浙江永嘉縣	一	附便遣歸。	同右。
七年	一八〇二	泊村	六反帆馬艦一	六	要赴宮古島載運貢稅，自那霸開船，遇逆風，漂至象山	浙江象山縣		船身弱，難涉洋，就地變賣。其人數以各二人配搭貢船及其他船隻回國。	中山世譜，卷一〇
八年	一八〇三	泉崎村	六反帆馬艦一	十二	欲至八重山運貢租，自那霸開船，遇颶風，斷檣折楫，一人病故。	浙江定海縣	一	病故者賜棺埋葬。令勤學林與恭爲其通事，回國時又遇風，自此回國。	歷代寶案，卷九七，福建等處承宣布政使司致琉球國中山王世孫咨；卷九八、九九，琉球國中山王世孫致福建等處承宣布政使司咨；中山世譜，卷一〇。

八年	一八〇三	東村	六反帆馬艦一	一〇	赴八重山運米、粟、馬匹，回航遇風，漂至定海。	浙江定海縣		修整船隻，給予所缺杠具，以勤學陳允恭爲其通事。回國時遇逆風，自此回國。	同右。
八年	一八〇三	西村	十二反帆馬艦一	三〇	奉國王之命自那霸載黑糖赴大島換米，遇風漂至崇明。	江蘇崇明縣		給所缺杠具，令陳學繼爲其通事回國。	同右。
八年	一八〇三		楷船一	四八	載黑糖等物至鳥父世麻地方出售，遇風斷去大小兩檣，漂至臨海。	浙江臨海縣		所駕原船遇風就弱，故由地方官收買。各人分搭接貢船及馬艦三隻回國。	同右。
九年	一八〇四	那霸府	一	九	漂至江蘇上海縣。	江蘇上海縣		以本船與貢船一同回國。	中山世譜，卷一一
十年九月一日	一八〇五	那霸府	馬艦一	九	地方官差往宮古島運米，遇風吹折大桅，漂至象山縣，二人病故。	浙江象山縣		染病者命醫診治無效而亡，賜棺埋葬。其船雖命工修葺，但船身弱，難涉重洋，乃就地變賣，附搭便船回國。	歷代寶案，卷九九，福建等處承宣布政使司致琉球國王咨；中山世譜，卷一一。
十年九月一日	一八〇五	那霸府	馬艦一	十六，內有女子四	漂到淡水，衝礁破船，通船人數上岸全生，一人淹斃，三人病故。	臺灣淡水	四	解送臺灣府後送至福州。死亡者賜棺埋葬。附搭便船回國。	中山世譜，卷一一
					地方官差往宮古島	江蘇			歷代寶案，卷九九，福建等處承宣布

十年九月一日	一八〇五	那霸府	一	九	運米，遇風吹折大桅。	上海縣		附搭貢船回國。	政使司致琉球國王咨；中山世譜，卷一一。
十二年	一八〇七	久米島	一	十三	地方官給照差往八重山裝運米糧、椒等物，遇風折斷大桅，三名病故。	浙江象山縣	三	二名充接封大夫蔡邦錦跟伴，八名附搭頭號及接貢兩船回國。	歷代寶案，卷一〇六，巡撫部院張致琉球國中山王咨；中山世譜，卷一一
十二年	一八〇七	泊村	五端帆船一	五	漂至石浦。	浙江象山縣		修整船隻，發給杠具。	中山世譜，卷一一
十三年二月十七日	一八〇八	久米島	一	十四	地方官給照差赴該國進納綢布等物，漂至象山。	浙江象山縣		接貢官伴租雇內地商船附搭回國	宮中檔，嘉慶朝，第九九七號奏折。
十三年閏五月十一日	一八〇八	絲滿村	獨木舟一	三	在該國邊海釣魚，遇風漂流。	浙江象山縣		附便回國。	宮中檔，嘉慶朝，第一一〇〇五、一二三六一號奏折。
十三年六月十八日	一八〇八	泊府	無桅船一	十一	自泊府載各物赴宮古島出售，遇颶風，折斷大桅，船身、杠具均有損壞。	浙江定海縣		修整船隻，附便遣歸。	宮中檔，嘉慶朝，第一一二七一號奏折。
十三年六月二十九日	一八〇八	絲滿	一	三	自絲滿開船釣魚，漂至臺灣，經淡水同知翟淦送往臺灣府，委員配船至廈門，轉送至福建。	臺灣		附便遣歸。	宮中檔，嘉慶朝，第一一三〇七號奏折。
十三年十月十八日	一八〇八	中山府那霸西	一	六	自西村載茶葉、苧麻赴宮古島貿易，并裝載貢米。遇颶	浙江臨海縣		附便遣歸。	宮中檔，嘉慶朝，第一二二四七、一

		村			風，吹斷中桅，漂至小雄汎。				三〇四一號奏折。
十三年十二月三日	一八〇八	泊府	一	五	地方官給照差往八重山運米、椒等，遇風吹折大桅。	浙江象山縣		附便遣歸。	宮中檔，嘉慶朝，第一二六三一號奏折。
十三年十二月三日	一八〇八		一	三	遇風，船不能駕回，漂至象山。	浙江象山縣		附便遣歸。	同右。
十三年	一八〇八	絲滿村	二	六	漁船二隻，人數六名，一隻漂至石浦，一隻漂至臺灣鳳山縣。	浙江象山縣 臺灣鳳山縣		附搭謝恩船回國	中山世譜，卷一一
十三年	一八〇八	恩納郡	二端帆一船	六	漂抵臨海縣，其船扁小，難涉大洋，就地變賣。	浙江臨海縣		附搭謝恩船回國	同右。
十四年五月九日	一八〇九	絲滿村	漁船一	三	釣魚營生，自絲滿開船，漂至枋寮。	臺灣枋寮		附便遣歸。	歷代寶案，卷一〇五，巡撫部院張致琉球國王咨。
十四年五月九日	一八〇九	西村	一	六	載茶葉、苧麻、青靛、柴薪、鹽米等物赴宮古島貿易。遇風，砍斷中桅，隨風漂流。	浙江臨海縣		附搭謝恩船回國	歷代寶案，卷一〇六，琉球國中山王致福建等處承宣布政使司咨。
十四年五月九日	一八〇九	泊村	一	十六	漂至定海。	浙江定海縣		配搭接回國使船隻回國。	中山世譜，卷一一
十四年五月九日	一八〇九		一	六	漂至呂宋國馬瞻島，淹斃一名。	呂宋馬瞻島	一	配搭接員役船回國。	同右。

十四年六月十三日	一八〇九	伊良部島	一	六	載米赴該國德之島之際飄收呂宋國馬瞻島，船隻擊碎，轉送至福州，一人溺斃。	呂宋馬瞻島	一	附便遣歸。	同右。
十五年	一八一〇	八重山	一	四二	裝載貢租運繳本國，回棹時遇風漂至臺灣四浮鑾。登陸後遇劫，後來輾轉至臺灣府城，十六人病故，四人失踪，三人於渡溪時溺斃，六人爲生番戕害，其餘人員轉送至福州。	臺灣四浮鑾	二九	附搭接貢船回國	同右。
十五年	一八一〇		一	五品官馬文虎等五二	國王差往大島貿易糧米，自那霸開船，漂至榮城縣。	山東榮城縣	二	搭護送船回國。	歷代寶案，卷一〇九，琉球國中山王致福建等處承宣布政使司咨。
十五年	一八一〇	泊村	一	十三	漂至東臺縣，衝礁破船。	揚州東臺縣		附搭貢船回國。	中山世譜，卷一一
十五年	一八一〇	名護郡	一	七	漂至膠州，衝礁損破。	山東膠州		附搭貢船回國。	同右。
十五年	一八一〇	大宜味郡	一	七	飄收臺灣雞籠口。原船難以駕回，發給船價銀。至琉球館後一人病故。	臺灣雞籠口	一	配搭貢船回國。	同右。
					地方官差往宮古島				歷代寶案，卷一〇

十六年八月四日	一八一一	那霸府	一	九	催繳貢米赴國交納。十五年一月二十二日開船至該島載王府糧米，十六年三月自宮古島開船，漂至雞籠。	臺灣雞籠	一	配搭貢船回國。	九，琉球國中山王致福建等處承宣布政使司咨；卷一一二，福建等處承宣布政使司致琉球國中山王咨。
十六年八月四日	一八一一	那霸府	一	七	地方官差往伊平屋島繳納棉布，十四年十月二十五日遇風漂至日本。船隻破沉。水手六名及執照沉斃，僅一名獲救。十五年七月二十二日附搭日本回國之際又遇風，飄至江蘇。日人二十六名交乍浦口銅商帶回日本。	江蘇崇明縣	六	附便遣歸。	同右。
十六年	一八一一		七端帆馬艦一	十二	赴八重山運貢租，遇風棄貨，漂至淡水。	臺灣淡水		因船身弱難修理，賜船價銀及所乘貨物價銀。	中山世譜，卷一一
十六年	一八一一	絲滿村	連縛小船四	八	赴久米島捕魚，漂至閩安鎮，其船三隻在閩燒化，一隻附接貢船回國。	福州府閩安鎮		附搭接貢船回國	同右。
十七年	一八一二		楷船一	三八	赴大島時遇逆風，漂至竿塘。	福州竿塘		分搭馬艦、接貢船回國。	同右。
十七年	一八一二		馬艦一	二八	赴大島時遇逆風，漂至竿塘。	福州竿塘		分搭馬艦、接貢船回國。	同右。

十七年	一八一二	久志郡安部村	一	三	回本村時漂至興化府南日，逢賊船，所坐船隻及貨物衣服被搶空。	福建南日		每人給衫褲各一領，銅錢二千文，分搭馬艦、接貢船回國。	同右。
十八年四月八日	一八一三	麻姑山	一	四二	地方官差赴琉球王國公幹，事畢，逢麻姑山頭目等赴琉球國進貢返國，乃附搭其船同回。遇風漂至田浮鑾洋面。淹斃及被生番殺害二十五名，病故二名。	臺灣南路番地田浮鑾	二七	分搭貢船回國。	歷代寶案，卷一一四，福建等處承宣布政使司致琉球國王咨。
十八年四月□日	一八一三	那霸府	一	三八	地方官令其載黑糖赴該國交納，遇風漂至竿塘洋。			附便遣歸。	同右。
十九年四月四日	一八一四	那霸府	一	九	地方官差往八重山載米，遇風，桅、船俱壞。	臺灣芝葩里		附搭貢船回國。	歷代寶案，卷一一五、一一六，福建等處承宣布政使司致琉球國中山王咨；中山世譜，卷一一。
十九年七月二十四日	一八一四	中山府	一	三〇	開船至島，公事畢，至大島裝運黃豆欲回國交卸之際遇風。	浙江象山縣		附便遣歸。	宮中檔，嘉慶朝，第一六一〇五號奏折。
十九年七月三十日	一八一四	那霸府	一	七	該國差往八重山催繳糧米，遇風漂至鳳山縣番社，由臺灣府委員護送至閩	臺灣鳳山縣		附便遣歸。	宮中檔，嘉慶朝，第一六一六三號奏折。

十九年八月七日	一八一四	姑米山	獨木舟一	三	駕獨木舟捕魚，在馬齒山放釣遇風，漂至金雞貂海邊。	臺灣金雞貂		附搭貢船回國。	歷代寶案，卷一一五、一一六，福建等處承宣布政使司致琉球國中山王咨一；中山世譜，卷一一。
十九年八月十七日	一八一四	東村	一	九	運米至八重山出售，遇風船損壞，水手高良落水溺斃，漂至定海。病故一名。	浙江定海縣	二	附便遣歸。	宮中檔，嘉慶朝，第一六三一九號奏折。
十九年	一八一四		一	三〇	附搭春運送馬艦自大島返航之際漂至大島，一名當地病故。開船後復遇逆風。	浙江象山縣	一	附便遣歸。	中山世譜，卷一一
二〇年四月二十九日	一八一五		三	三〇	奉國王令巡查各地。回程在大島裝載黃豆等物及馬匹回國交卸時遇風，漂至爵溪。	浙江象山縣		附便遣歸。	宮中檔，嘉慶朝，第一八五三〇號附一件奏折。
二〇年五月七日	一八一五	那霸府東村	二	一〇	運大、小米等往八重山出售。自那霸開船，遇風，漂至定海。淹斃、病故各一名。	浙江定海縣	二	附便遣歸。	歷代寶案，卷一一七，福建等處承宣布政使司致琉球國中山王咨，琉球國中山王福建等處承宣布政使司；宮中檔，嘉慶朝，第一七五七九號奏折。

二〇年五月十六日	一八一五	五品官東士亮	二	海船一 杉板一	國王差往喜界島繳糧米，漂至莆田縣	福建莆田縣		搭原船回國。	歷代寶案，卷一一七，琉球國中山王致福建等處承宣布政使司咨，及福建等處承宣布政使司致琉球國中山王咨
二〇年七月二十七日	一八一五	那霸府東村縣	一	二三	往太平山收米，遇風，損壞杠具。	浙江定海縣		附便遣歸。	宮中檔，嘉慶朝，第一九四三四號奏折。
二〇年	一八一五	大鈍川村	一	二〇	漂入定海，一人在洋身歿，一名在當地病故。	浙江定海縣	二	附便遣歸。	中山世譜，卷一一
二〇年	一八一五	泊村	一	七	漂至臺灣府番社，送至臺灣府城。解送福州。	臺灣番社		原船損壞，給發原價銀及所發物價銀。附便遣歸	同右。
二〇年	一八一五	那霸	一	九	漂至定海縣。	浙江定海縣		分搭貢船、馬艦回國。	同右。
二一年五月十三日	一八一六	那霸府	一	二三	往太平山收米完漕，空船放洋遇風，砍斷中桅，漂至定海。	浙江定海縣		附便遣歸。	歷代寶案，卷一二〇，福建等處承宣布政使司致琉球國王中山王咨。
二一年九月三日	一八一六	八重山	一	二五	赴國王處交納年貢途中陡遇風暴，吹折船桅，順流漂至如皋。	江蘇如皋縣		船隻不堪再用，給船價銀五〇〇兩及賞銀百枚，護送赴閩，附便遣歸。	軍機處檔，第四八九三〇、四九四四八號奏折。
二一年九月三日	一八一六	八重山	一	二三	本年六月十三日開船，次日遭風，折	江蘇海州		附便遣歸。	同右。

					斷大桅。				
二二年五月九日	一八一七	那霸府	一	二一	在那霸運黑糖往小琉球販賣途中遇颶風，桅柁尚完好，船身損壞。	浙江臨海縣		附便遣歸。	軍機處檔，第四九四六五、五二〇七〇號奏折。歷代寶案，卷一二一、一二三，福建承宣布政使司致琉球國中山王咨；卷一二五琉球國中山王致福建等處承宣布政使司咨。
二二年八月四日	一八一七	八重山	六	二五	奉地方官差令送繳貢租米、粟、麥。大船分散，吹折大桅。	浙江如皋縣		附便遣歸。	軍機處檔，第四九四四八號奏折。歷代寶案，卷一二三，琉球國中山王致福建等處承宣布政使司咨。
二二年八月四日	一八一七		一	二三	赴八重山繳貢租時遇風。	江蘇海州		附便遣歸。	同右。
二二年	一八一七	泊村	馬艦一	十八	自那霸開船遇風。	浙江台州府		附便遣歸。	中山世譜，卷一一
二二年	一八一七	東村	一	二三	赴宮古島運年貢時遇風。	浙江定海縣		翌年搭原船回國	同右。
二二年	一八一七	泊村	一	十九	赴宮古島運年貢時遇風。	臺灣府噶瑪蘭分府		附便遣歸。	同右。
二二年	一八一七	泊村	一	二五	赴宮古島運年貢時遇風。	江蘇如皋縣		分搭貢船回國。	同右。

二二年	一八一七	泊村	一	七	赴八重山島時遇風	浙江明州			同右。
二二年	一八一七	久高島	一	一〇	久高島人三名赴鳥島，附搭該島人七名，漂至金包里。	臺灣金包里		分搭護送船、夏運送馬艦回國。	同右。
二三年五月四日	一八一八	內間 久高島 鳥島	獨木舟三	十四	內間等六名，久高島等三名，鳥島等四名，開船遇風，解送福州。	臺灣艋舺		附便遣歸。	歷代寶案，卷一二三，福建等處承宣布政使司致琉球國王中山王咨，卷一二五，琉球國中山王致福建等處承宣布政使司咨。
〃 五 六	一八一八	那覇府泉崎村	一	七	運大小米赴八重山和那姑呢地方時遇風。	福建連江縣		附便遣歸。	歷代寶案，卷一二三，福建等處承宣布政使司致琉球國中山王咨。
二三年五月七日	一八一八	那覇府泉崎村	一	七	運棉布等至八重山島貿易換米麥遇風	浙江太平縣		附便遣歸。	歷代寶案，卷一二五，琉球國中山王致福建等處承宣布政使司咨。
二三年八月十六日	一八一八	那覇府	一	二三	往太平山收米完漕，空船放洋，折斷中桅。	浙江定海縣		附便遣歸。	歷代寶案，卷一二四，琉球國中山王致福建等處承宣布政使司咨。
二四年	一八一九	渡地村	十端帆馬艦一	八	自那覇開船，赴宮古島運貢租時遇風，漂至沈家門。	浙江定海縣		修葺船隻，給與杠具，附便遣歸	中山世譜，卷一一
			五端					該船難以駕回，	

二四年	一八一九	久米島	帆馬一	九	運貢米至那霸時遇，漂至雞籠澳。	臺灣雞籠澳		杠具、貨物等項變價給領，附便遣歸。	中山世譜，卷一一
二五年八月十二日	一八二〇	那霸府	一	八	國王差往麻姑山運糧米，自那霸放洋。遇狂風，船隻損壞。	浙江定海縣		附便遣歸。	歷代寶案，卷一二四，琉球國中山王致福建等處承宣布政使司咨，卷一二五，福建等處承宣布政使司致琉球國中山王咨。
二五年八月十二日	一八二〇	姑米山	一	九	地方官差令運大小米赴那霸繳納。在姑米山開洋。遇風，船隻損壞，送至福州。	臺灣雞籠		附便遣歸。	歷代寶案，卷一三二，琉球國中山王致福建等處承宣布政使司咨，卷一二二

註：爲求時間上的統一，本表上欄所記載之年月日俱以地方督撫所上奏折中標示者爲準。